한국어 4

Practice Book

Published by TWOPONDS Co., Ltd.
193, Dogok-ro, Gangnam-gu, Seoul, Korea
Tel : 82-2-2140-2500
Fax : 82-2-2140-2599
www.twoponds.co.kr

First Edition 2006

ISBN 978-89-539-0812-3

한국어 4 Practice Book

지은이 / 서울대학교 언어교육원
발행처 / [주]투판즈
주소 / 서울특별시 강남구 도곡로 193
Tel / (02) 2140-2500
Fax / (02) 2140-2599
인터넷 주소 / www.twoponds.co.kr
등록 / 1980년 10월 7일 제2004-000086호
초판 1쇄 / 2006년 1월 25일
16쇄 / 2020년 9월 1일
정가 / 13,000원

「이 도서의 국립중앙도서관 출판시도서목록(CIP)은 e-CIP 홈페이지(http://www.nl.go.kr/cip.php)에서
이용하실 수 있습니다. (CIP제어번호 : CIP2005001327)」

한국어 4
Practice Book

서울대학교 언어교육원
Language Education Institute
Seoul National University

[주]문진미디어
MOONJINMEDIA

서 문

한국어 4 Practice Book은 서울대학교 언어교육원이 개발한 한국어 교재 시리즈 중 네 번째 단계인 『한국어 4』의 보조 교재로, 600시간의 한국어 교육을 받았거나 그에 준하는 한국어 능력을 가진 성인 학습자를 대상으로 다양한 사회 활동에 필요한 한국어 표현 능력과 이해 능력을 증진시키는 데 목표를 두고 개발되었다.

이 책은 주 교재에서 학습한 어휘 및 문법, 기능의 연습을 보강하고 심화하여 실제 언어생활에서 자연스럽게 활용될 수 있도록 하는 데 주안점을 두었다. 이를 위해 대화 연습에서는 주요 문형을 상황 중심으로 연습함으로써 학습 내용이 자연스럽게 내재화될 수 있도록 하되, 구어 표현과 문어 표현으로 문형을 구별하여 연습하도록 구성하였다. 또한 기술별 연습으로 구성된 복습을 통해 선수 학습 내용을 통합적으로 연습하여 의사소통 능력의 향상을 꾀하였고, 동시에 학습자의 자기 점검 평가가 가능하도록 구성하였다. 또한 듣기 지문과 정답을 수록하고, 듣기 연습을 위한 CD도 함께 제작하여 보조 교재로서뿐만 아니라 자율 학습 교재로도 활용될 수 있도록 하였다.

이 책은 교실 수업에서 실제 사용해 보면서 수정 · 보완하는 기간을 거친 후 이제 출판하게 되었다. 이 책이 완성되기까지 한국어교육센터 강사 여러분의 큰 노력이 있었다. 박지영, 신혜원 선생님이 집필한 대화 연습을 바탕으로 여러 선생님들이 기술별 연습 자료와 복습 자료를 추가하고 보완하는 작업을 계속해 왔다. 또한 출판을 위해 신혜원, 박지영, 이지영, 진문이 선생님이 기존 자료를 수정하고 대폭 보완하였으며, 김은애 선생님이 원고의 교정과 녹음 감수를 담당하였고, 최은규 선생님이 작업을 총괄하고 원고의 감수를 맡아 주었다. 오랜 기간에 걸쳐 집필 및 출판 과정에 헌신적으로 참여해 준 강사 여러분의 노고에 깊은 감사를 드린다. 아울러 이 책이 출판되기까지 많은 도움을 주신 문진미디어 김필배 사장님과 편집진 여러분께 감사의 마음을 전한다.

2006년 1월
서울대학교 언어교육원 한국어교육센터 소장
장소원

Preface

Korean 4 Practice Book is a supplementary book to 『Korean 4』, the fourth volume in the Korean language textbook series developed by the Language Education Institute at Seoul National University. Written for adult learners who have studied Korean for about 600 hours or have an ability equivalent to it, it aims to develop the student's comprehension and conversational skills in a variety of social activities.

It is intended to be used in conjunction with the main textbook to complement and to strengthen the learned vocabulary and grammar in listening, reading and writing for practical everyday situations. Intensive exercises of the main grammar in situation-centered dialogues through Conversation Exercises will help the student to internalize the lessons. Also the student will find separate exercises for the grammar of the conversational style and of the literary style.

Each <Review> chapter is composed of four sections targeting different skills organized in such a way that makes it possible for self-assessment. The <Answerkey> to exercises and the <Transcript> for listening comprehension are added at the end of the book. The CD of the Listening Exercises will enable this book to be used not only as a supplementary study guide but also as a self-study book.

We have successfully used the contents of this book in the classroom. There have been invaluable efforts from the instructors at the Korean Language Education Center, Language Education Institute. We are greatly indebted to the following instructors : Ms. Ji-Young Park and Ms. Hye-Weon Shin for writing the Conversation Exercises, and many other instructors who have contributed material to both the exercises and the review sections. We are also grateful to Ms. Hye-Weon Shin, Ms. Ji-Young Park, Ms. Ji-Young Lee and Ms. Moon-E Jin for making some modifications of the original text and writing additional parts for publication. We would like to thank Ms. Eun-Ae Kim for proofreading the manuscript and supervising the recording and Ms. Eun-Gyu Choi for the compilation of materials and the overall supervision of the project.

In addition, we would like to convey our gratitude to Mr. Pil-Bae Kim, CEO of Moonjin media and the editorial staff for their generous support in having this volume published.

January 2006

So-Wonne Tchang
Director
Korean Language Education Center
Language Education Institute
Seoul National University

일러두기

이 책은 단원별로 〈대화 연습〉을 수록하였으며, 4-6단원마다 〈복습〉을 넣어 어휘와 문법, 듣기, 읽기, 쓰기의 순서로 제시하였다. 이어 〈문법과 표현〉, 〈듣기 지문〉과 〈정답〉을 실었다.

〈대화 연습〉은 단원별로 학습한 주요 문형과 어휘를 실제의 대화 상황에서 자연스럽게 연습함으로써 표현 능력을 키우도록 하였다. 또한 문어 표현이 들어 있는 단원에서는 이를 문어체를 적용하여 연습할 수 있도록 구성하였다.

〈복습〉은 4-6단원마다 학습 내용과 연계하여 어휘와 문법, 듣기, 읽기, 쓰기의 복습을 할 수 있도록 하였으며 총 8회로 구성하였다. 다만, 주 교재의 33과는 시와 노래에 관한 단원이므로 별도로 다루지 않고 복습 8(31-35과)의 활동에서도 제외시켰다.

- 어휘와 문법은 주제 관련 어휘 및 표현, 문법을 활용하여 문장을 완성하고 대화를 구성하도록 하였다.
- 듣기는 일상적인 생활에 필요한 담화를 비롯하여 신문 기사, 통계 자료 및 생활 정보 등을 중심으로 내용 이해 연습을 할 수 있도록 하였다.
- 읽기는 다양한 주제와 유형의 읽기 연습을 통해 독해 능력을 기를 수 있도록 하였다.
- 쓰기는 주제와 관련된 내용을 쓰기 전 단계와 쓰기 단계를 거쳐 표현할 수 있도록 하였다.

〈문법과 표현〉은 주 교재의 단원별 문법과 표현을 제시하여 학습자의 이해를 돕도록 하였다.
〈듣기 지문〉은 〈복습〉의 듣기 지문을 수록하여 듣기 활동의 내용을 확인할 수 있도록 하였다.
〈정답〉은 각 영역별 활동에 대한 정답과 모범 답안을 제시하여 참고할 수 있도록 하였다.
〈CD〉는 듣기 복습이 수록되어 있어 학습자가 충분한 학습을 할 수 있도록 하였다.

Foreword

Every unit is composed of <Conversation Exercises>. After every fourth to sixth unit, we have included a <Review> chapter to display the content in the order of Vocabulary and Grammar, Listening, Reading and Writing. Then, we included the <Grammar and Expression> and the <Transcript> of the Listening Exercises. The student will find the <Answers> at the end of the book.

The <Conversation Exercises> are designed to develop the student's power of expression through practice of the main sentence structures and vocabulary in situation-centered conversations. Also chapters with literary expressions include appropriate exercises of the literary style.

Relating to the contents of each unit, eight <Review> chapters (one after every fourth to sixth unit) reinforce vocabulary and grammar, as well as listening, reading and writing skills.
Chapter 33 of the textbook covers poetry and songs, therefore there are no supplementary activities provided for that lesson in <Review-8>.

- In the Vocabulary and Grammar section, the student is asked to complete sentences and to build conversations by using the vocabulary and expressions related to the grammar and theme of the units.
- The Listening section is comprised of essential conversation scenes needed in everyday life as well as newspaper articles, and statistic materials. The exercises are designed to improve the student's understanding of the main content of the situation.
- The Reading section aims to build up the student's reading ability by familiarizing him/her with various themes and types of reading materials.
- The Writing section is designed to improve the student's skill to write a systematical passage about the theme and related topics of each unit after going through a brainstorming process.

The <Grammar and Expression> chapter enhances the student's comprehension by adding Grammar, and Vocabulary and Expressions from each corresponding unit of the main textbook.

The <Transcript> for the Listening Exercises is at the end of the book and will help the student check for his/her comprehension.

The <Answerkey> offers the answers and exemplary answers for reference.

The <CD> contains the Listening Exercises from the <Review> to enable the student to practice fully on his/her own.

교재 구성표

<table>
<tr><th>단원</th><th>대화 연습</th><th>복습</th></tr>
<tr><td>1</td><td>• 강한 부정 표현하기
• 가능성 표현하기
• '쓸데없다' 활용하기
• 근거 표현하기</td><td rowspan="4"><어휘와 문법>
• 문장에 알맞은 어휘 고르기
• 대화 완성하기

<듣기>
• 질문 듣고 알맞은 반응 파악하기
• 내용 듣고 주제 파악하기
• 세부 내용 이해하기
• 내용과 관련된 알맞은 말 채우기

<읽기>
• 공통 단어 파악하기
• 세부 내용 파악하기
• 문맥에 알맞은 표현이나 글 넣기
• 주제문 찾기

<쓰기>
• 동물이 나오는 신화나 옛날이야기 쓰기</td></tr>
<tr><td>2</td><td>• 허락 표현하기
• 부탁 표현하기
• 명사형 표현하기
• 시간의 경과 표현하기</td></tr>
<tr><td>3</td><td>• 예정된 의도 표현하기
• '마저' 활용하기
• 정도 표현하기
• 관점 차이 표현하기</td></tr>
<tr><td>4</td><td>• 확률로 표현하기
• 한정 표현하기
• '골치(가) 아프다' 활용하기
• '끼다' 활용하기</td></tr>
<tr><td>5</td><td>• 정도 표현하기
• 의무의 강조 표현하기
• 최상급 표현하기</td><td rowspan="4"><어휘와 문법>
• 문장에 알맞은 어휘 고르기
• 대화 완성하기

<듣기>
• 질문 듣고 알맞은 반응 파악하기
• 내용 듣고 주제 파악하기
• 세부 내용 이해하기
• 세부 내용 이해하고 이유 쓰기

<읽기>
• 문맥에 알맞은 표현이나 글 넣기
• 세부 내용 파악하기
• 내용에 알맞은 제목 쓰기
• 공통 표현 쓰기

<쓰기>
• 개발 문제에 대한 자신의 생각 쓰기</td></tr>
<tr><td>6</td><td>• '줄이다/늘리다', '줄다/늘다' 활용하기
• 최상급 표현하기
• 주의, 경고 표현하기
• '덮이다' 활용하기</td></tr>
<tr><td>7</td><td>• 간접 화법 표현하기
• 내용의 추가 표현하기
• 지속되는 상황의 결과 예측하기
• 지속되는 상황의 결과 표현하기</td></tr>
<tr><td>8</td><td>• 간접적으로 정보 전달하기
• '가득하다' 활용하기
• 나열 표현하기</td></tr>
</table>

<table>
<tr><th>단원</th><th>대화 연습</th><th>복습</th></tr>
<tr><td>9</td><td>• 과거 경험의 결과 표현하기
• '여기다' 활용하기
• '관습', '습관', '사고방식' 활용하기
• 회상 표현하기</td><td rowspan="4">〈어휘와 문법〉
• 문장에 알맞은 어휘 고르기
• 대화 완성하기

〈듣기〉
• 질문 듣고 알맞은 반응 파악하기
• 내용 듣고 주제 파악하기
• 세부 내용 이해하기

〈읽기〉
• 문맥에 알맞은 표현이나 글 넣기
• 지시 표현 파악하기

〈쓰기〉
• 한국에서의 경험 쓰기</td></tr>
<tr><td>10</td><td>• 반복적인 습관 표현하기
• 이유 표현하기
• 상황 빈도 표현하기
• 한정된 상황 표현하기
• 연속된 행동 표현하기</td></tr>
<tr><td>11</td><td>• 추측 표현하기
• '시키다' 활용하기
• '차이' 활용하기
• 조사 결과 표현하기</td></tr>
<tr><td>12</td><td>• 차이 표현하기
• '-거리' 활용하기
• 전칭적 상황 표현하기
• 추측 표현하기</td></tr>
<tr><td>13</td><td>• 차이 표현하기
• '오히려' 활용하기
• 부분 부정 표현하기
• 긍정적으로 상황 표현하기</td><td rowspan="6">〈어휘와 문법〉
• 문장에 알맞은 어휘 고르기
• 대화 완성하기

〈듣기〉
• 질문 듣고 알맞은 반응 파악하기
• 내용 듣고 주제 파악하기
• 세부 내용 이해하기
• 내용과 관련된 알맞은 말 채우기

〈읽기〉
• 문맥에 알맞은 표현이나 글 넣기
• 지시 표현 파악하기
• 세부 내용 파악하기
• 내용과 관련된 알맞은 말 채우기

〈쓰기〉
• 남녀의 역할 분담에 대해 쓰기</td></tr>
<tr><td>14</td><td>• '사이(에)' 활용하기
• 간접적으로 정보 전달하기
• 기준 표현하기</td></tr>
<tr><td>15</td><td>• 시간 표현하기
• 조건 표현하기
• 양보 표현하기
• 회상 표현하기</td></tr>
<tr><td>16</td><td>• 기대에 미치지 못하는 상황 표현하기
• 약한 부정 표현하기
• 추측 표현하기
• 반대 상황 표현하기</td></tr>
<tr><td>17</td><td>• 부분 표현하기
• 착용 표현하기
• 기대 표현하기
• '(가득) 차다' 활용하기</td></tr>
<tr><td>18</td><td>• 전칭적 상황 표현하기
• 활용도 표현하기</td></tr>
</table>

<table>
<tr><th>단원</th><th>대화 연습</th><th>복습</th></tr>
<tr><td>19</td><td>• 부정 표현하기
• 불가능한 상황을 강조해서 표현하기
• 한정 표현하기
• 추측 상황 표현하기</td><td rowspan="4">〈어휘와 문법〉
• 문장에 알맞은 어휘 고르기
• 대화 완성하기

〈듣기〉
• 질문 듣고 알맞은 반응 파악하기
• 내용 듣고 주제 파악하기
• 세부 내용 이해하기
• 내용과 관련된 알맞은 말 채우기

〈읽기〉
• 지시 표현 파악하기
• 세부 내용 파악하기
• 문맥에 알맞은 표현이나 글 넣기
• 내용 요약하기

〈쓰기〉
• 도움을 청하는 편지 쓰기</td></tr>
<tr><td>20</td><td>• '기다렸다는 듯이' 활용하기
• '주거니 받거니 하다' 활용하기
• 상황의 지속 표현하기
• 지속되는 상황의 결과 예측하기</td></tr>
<tr><td>21</td><td>• 금지 명령 표현하기
• 반복적 동작 표현하기
• 예상치 못한 이유 표현하기
• '당연히', '당연하다' 활용하기</td></tr>
<tr><td>22</td><td>• 기대에 미치지 못하는 상황 표현하기
• 동급 비교 표현하기
• '불과하다' 활용하기
• 원인 표현하기</td></tr>
<tr><td>23</td><td>• 선택 상황 표현하기
• '이용하다' 활용하기
• 강조 표현하기
• '통해(서)' 활용하기</td><td rowspan="4">〈어휘와 문법〉
• 문장에 알맞은 어휘 고르기
• 대화 완성하기

〈듣기〉
• 질문 듣고 알맞은 반응 파악하기
• 내용 듣고 주제 파악하기
• 세부 내용 이해하기
• 내용과 관련된 알맞은 말 채우기

〈읽기〉
• 세부 내용 파악하기
• 유의어 찾기
• 주제문 찾기

〈쓰기〉
• 그림 보고 이야기 만들기</td></tr>
<tr><td>24</td><td>• 선택 상황 표현하기
• '(으)로(서)' 활용하기
• '이르다' 활용하기</td></tr>
<tr><td>25</td><td>• '-질' 활용하기
• '두고 보다' 활용하기
• '정신(을) (못) 차리다', '정신(이) 없다' 활용하기
• 사건의 발생 표현하기</td></tr>
<tr><td>26</td><td>• '무릅쓰고' 활용하기
• '바치다' 활용하기
• 정도 표현하기
• 동기 표현하기</td></tr>
</table>

<table>
<tr><th>단원</th><th>대화 연습</th><th>복습</th></tr>
<tr><td>27</td><td>• 강조 표현하기
• '-스럽다' 활용하기
• 습관 표현하기
• 대표적 예 표현하기</td><td rowspan="4">〈어휘와 문법〉
• 문장에 알맞은 어휘 고르기
• 대화 완성하기

〈듣기〉
• 질문 듣고 알맞은 반응 파악하기
• 내용 듣고 주제 파악하기
• 세부 내용 이해하기
• 내용과 관련된 알맞은 말 채우기

〈읽기〉
• 문맥에 알맞은 표현이나 글 넣기
• 세부 내용 파악하기
• 제목 붙이기

〈쓰기〉
• 사형 제도에 대한 의견 쓰기</td></tr>
<tr><td>28</td><td>• '야단이다' 활용하기
• 열거 표현하기
• 인정하기
• '취급하다', '취급받다' 활용하기</td></tr>
<tr><td>29</td><td>• 금지 표현하기
• 반사실적 가정 표현하기
• 예상치 못한 일에 대한 놀라움 표현하기
• 불가능 표현하기</td></tr>
<tr><td>30</td><td>• 기준 표현하기
• '틀림없다' 활용하기
• 변화에 따른 결과 표현하기
• 가능성 표현하기</td></tr>
<tr><td>31</td><td>• 후행문 강조 표현하기
• 정도 표현하기
• 선호 표현하기
• 반대 표현하기
• 전칭적 상황 표현하기</td><td rowspan="4">〈어휘와 문법〉
• 문장에 알맞은 어휘 고르기
• 대화 완성하기

〈듣기〉
• 질문 듣고 알맞은 반응 파악하기
• 내용 듣고 주제 파악하기
• 세부 내용 이해하기
• 내용과 관련된 알맞은 말 채우기
• 이유 파악하기

〈읽기〉
• 문맥에 알맞은 표현이나 글 넣기
• 세부 내용 파악하기
• 주제와 관련하여 자신의 이야기하기

〈쓰기〉
• 자신의 인생 계획 쓰기</td></tr>
<tr><td>32</td><td>• 열거 표현하기
• 정도 표현하기</td></tr>
<tr><td>34</td><td>• 느낌 표현하기
• '(이)야' 활용하기
• 대표적 예 표현하기
• 경험 전달하기</td></tr>
<tr><td>35</td><td>• 강한 긍정 표현하기
• 부인하기
• '지장이 있다[없다, 많다]' 활용하기
• '능통하다' 활용하기</td></tr>
</table>

차 례

1과 인류의 미래에 대해 생각해 본 적이 있어요?

대화 연습

A/V-(으)ㄹ 리가 없다

1. 가 : 민수 씨가 지금 집에 있을까요?
   나 : 오늘은 수업이 있으니까 __________

2. 가 : 영미가 시험을 잘 못 봤으면 어떡하지?
   나 : 걱정하지 마. 매일 열심히 공부했으니까 __________

3. 가 : 학교 갈 때 우산 가지고 가라.
   나 : 엄마, 오늘 일기 예보에서 맑겠다고 했으니까 __________

4. 가 : 프린터가 고장 났나 봐.
   나 : 아니야, 산 지 일주일밖에 안 됐는데 __________

A/V-(으)ㄹ지도 모르다

1. 가 : 다음 학기에도 계속 공부할 거예요?
   나 : 글쎄요. 우리나라로 __________

2. 가 : 미치코 씨가 집에서 떠났을까요?
   나 : 좀 늦는다고 했으니까 아직 __________

3. 가 : 이번 주말에 뭐 할 거예요?
   나 : 특별한 계획은 없지만 __________

4. 가 : 오늘 저녁에는 일찍 들어올 거예요?
   나 : 오늘은 약속이 있으니까 __________

쓸데없다

1. 가 : 에어컨 좀 켤까?

   나 : 날씨도 안 더운데 ……………………………………

2. 가 : 왜 그런 소문이 났어?

   나 : 그 사람하고는 차 한 잔 마신 것뿐인데 ……………………………………

3. 가 : 나하고 헤어진 그 사람 잘 지내고 있을까요?

   나 : 이미 끝난 일이니까 ……………………………………

4. 가 : 날씨도 좋은데 놀러 갈까요?

   나 : ……………………………………

N에 의하면

▶ **다음의 내용을 읽고 위의 문형을 이용하여 문장을 만들어 보십시오.**

1.

오늘의 날씨
맑은 후 구름 많아짐
최저 13℃ 최고 24℃
비 올 확률 : 0 / 10%

……………………………………

……………………………………

……………………………………

……………………………………

2.

내달부터 국제선 요금 4.1-10% 인상

다음 달 1일부터 국내 항공사의 국제선 요금이 4.1-10% 오른다. 인천-로스앤젤레스 노선의 경우 이코노미석이 282만 3천 원에서 296만 4천2백 원으로 오른다…….

……………………………………

……………………………………

2과 단군이 조선을 세웠어요

대화 연습

N에게 V-도록 허락하다

1. 가 : 교수님 컴퓨터를 사용해도 돼요?
   나 : 네, 교수님께서 학생들에게 ....

2. 가 : 제가 언제쯤 퇴원할 수 있을까요?
   나 : 아마 다음 주쯤이면 의사 선생님께서 ....

3. 가 : 자동차 멋있는데! 자동차 샀어?
   나 : 아니, 아버지 자동차인데 오늘만 ....

4. 가 : 하숙집에서 요리도 해 먹을 수 있어요?
   나 : 네, 하숙집 아주머니께서 ....

V-아/어 달라고 부탁하다

1. 가 : 이 숙제는 너무 어려워서 못할 것 같아요.
   나 : 지연 씨에게 ....

2. 가 : 연필이 부러졌는데 어떻게 하지요?
   나 : 마이클 씨에게 ....

3. 가 : 민수 씨를 왜 만나려고 해요?
   나 : 하숙집을 구하는데 같이 ....

4. 가 : 자동차 안에 열쇠를 두고 잠가 버렸어요.
   나 : 그럼 저 아저씨에게 ....

A/V-(으)ㅁ

1. 가 : 주스가 시원하지 않은데요.
   나 : ______________ 을 더 넣어 보세요.

2. 가 : 피곤해 보이는데 어제 잘 못 잤어요?
   나 : ______________ 을 많이 꾸어서 잠을 잘 못 잤어요.

3. 가 : 그 사람을 처음 만났을 때 어땠어요?
   나 : ______________ 이 나쁘지 않았어요.

4. 가 : 취미가 뭐예요?
   나 : ______________ 그리기예요.

N 만에

1. 가 : 숙제하는 데 시간 많이 걸렸어요?
   나 : 아니요, 간단해서 ______________

2. 가 : 외국으로 유학 갔던 동생이 돌아왔어요?
   나 : 네, 유학 간 지 ______________

3. 가 : 친구가 벌써 사장이 됐어요?
   나 : 네, 회사에 들어간 지 ______________

4. 가 : 카세트가 고장 났어요?
   나 : 네, 산 지 ______________

3과 우물 안의 개구리가 될 거예요

대화 연습

V-(으)려던 참이다

1. 가 : 지금 뭐 해요?
   나 : 친구 만나러 ....

2. 가 : 늦어서 죄송합니다. 회의 시작했어요?
   나 : 아니요, 지금 ....

3. 가 : 무슨 사진이에요? 봐도 돼요?
   나 : 가족사진인데 ....

4. 가 : 어제 그 일에 대해 이야기하고 싶은데요.
   나 : 안 그래도 저도 그 일에 대해 ....

N마저

1. 가 : 왜 이렇게 늦었어? 1시간이나 기다렸잖아.
   나 : 버스가 안 와서 택시를 타려고 했는데 ....

2. 가 : 친구들이 모두 고향에 돌아갔어요?
   나 : 네, 같은 방 ....

3. 가 : 방이 너무 더운데 에어컨 좀 켤까요?
   나 : 어떡하지요? 에어컨도 고장 나고 ....

4. 가 : 내 컴퓨터가 고장이 났는데 저 방 컴퓨터를 써도 돼요?
   나 : 저 방 ....

A/V-(으)ㄹ 정도이다, A/V-(으)ㄹ 정도로

1. 가 : 미치코 씨가 한국말을 그렇게 잘해요?

   나 : 한국 사람이라고 ______________ 잘해요.

2. 가 : 지난겨울에 눈이 많이 왔다지요?

   나 : 네, ______________ 눈이 많이 왔어요.

3. 가 : 낙지볶음이 어땠어요?

   나 : 너무 매워서 ______________

4. 가 : 추석에는 고속도로가 많이 막히나요?

   나 : 차가 너무 많아서 100m 가는 데 10분이나 ______________

생각하기에 따라(서), 보기에[듣기에] 따라(서)

1. 가 : 피카소의 그림에 대해 어떻게 생각해요?

   나 : ______________ 아이가 그린 그림 같기도 하다는 생각이 들어요.

2. 가 : 휴대 전화는 정말 편리하지요?

   나 : ______________ 편리하기도 하고 불편하기도 해요.

3. 가 : 저 바위는 코끼리처럼 생겼네요.

   나 : ______________ 코끼리 같기도 하고 소 같기도 하네요.

4. 가 : 내가 지연 씨에게 머리 자르니까 옛날보다 훨씬 예쁘다고 했는데 지연 씨가 왜 화를 냈을까요?

   나 : 그 말은 ______________ 기분이 나쁠 수도 있어요.

4과 비 올 확률이 높지 않아요

대화 연습

A/V-(으)ㄹ 확률이 높다[낮다, 있다, 없다]

1. 가 : 오늘 일기 예보 봤어요?
   나 : 네, 아까 뉴스를 봤는데
2. 가 : 결혼하고 5년 안에 집을 살 수 있을까요?
   나 : 집값이 계속 오르니까
3. 가 : 다음 월드컵 경기에서 어느 나라가 우승할 것 같아요?
   나 : 지난번에도 우리나라가 우승했으니까 이번에도
4. 가 : 그 병에 걸리면 나을 수 없나요?
   나 : 네,

N(이)라고는 N뿐이다, N(이)라고는 N밖에 없다[못 V]

1. 가 : 민수 씨는 무슨 음식을 잘 만들어요?
   나 :
2. 가 : 한국에 와서 여행 많이 갔어요?
   나 : 아니요,
3. 가 : 돈 좀 빌려 줄 수 있어요?
   나 :
4. 가 : 한국 영화 많이 봤어요?
   나 :

골치(가) 아프다

1. 가 : 몸이 안 좋아 보이는데 어디 아파요?
   나 : 어제부터 .... 열이 있어요.
2. 가 : 부모님 모두 잘 지내시죠?
   나 : 요즘 동생 문제로 ....
3. 가 : 졸업하면 취직할 거예요?
   나 : 취직하고 싶은데 일자리가 없어서 ....
4. 가 : 여행 갔다가 여권을 잃어버렸어요.
   나 : 그래요? 그거 ....

구름[안개, 먼지]이/가 끼다

1. 가 : 카세트가 왜 안되지요?
   나 : 카세트에 .... 잘 안돼요.
2. 가 : 오늘 날씨가 어떻다고 해요?
   나 : .... 비가 올 확률은 낮대요.
3. 가 : 비행기가 왜 취소됐어요?
   나 : .... 취소됐어요.
4. 가 : 오늘은 늦었네요. 길이 많이 막혔어요?
   나 : .... 사고도 나서 많이 막혔어요.

복습 1

어휘와 문법

I 다음에서 알맞은 단어를 찾아 문장에 맞게 쓰십시오. (1–18)

공통적	관객	끼다	늘어나다	당연하다	비관적	사업
세우다	소원	신화	실리다	실용화	실패	쓸데없다	야외
유지하다	임금	정복하다	질병	캄캄하다	태어나다	평균	학자

1. 최근 많은 (   )들이 이 분야에 대해 연구를 하고 있다.
2. 미래에 대한 계획을 (   ) 두었습니까?
3. 요즘은 이름도 모르고 치료법도 알 수 없는 새로운 (   )이/가 많다고 한다.
4. 실내보다는 (   )에서 결혼식을 하면 멋있을 것 같아요.
5. 나라를 다스리는 사람을 옛날에는 (   )(이)라고 불렀다.
6. 로봇이 (   )되면 인간들의 생활이 더 편리해질 것이다.
7. 김 사장님, 요즘 하시는 (   )은/는 잘되고 있습니까?
8. 지난 주말에는 대청소를 하면서 (   ) 물건을 많이 버렸다.
9. 우리 두 사람은 (   )인 취미가 있어서 만나면 항상 즐겁다.
10. 한 달 (   ) 용돈이 얼마나 돼요?
11. 둥근달을 보고 (   )을/를 빌어 보세요.
12. 언제나 안될 거라고 하는 (   )인 생각을 하면 결과도 나빠질 것이다.
13. 며칠 동안 전기가 들어오지 않아 (   ) 방에서 지내야 했다.
14. 방의 온도는 24도를 (   ) 주세요.

15. 이 극장은 (   )이/가 감소하여 문을 닫는다고 한다.

16. 그리스 (   )에 나오는 '사랑의 신'의 이름이 뭐지요?

17. 오늘 신문 봤어? 내 사진이 (   ).

18. '(   )은/는 성공의 어머니' 라는 말이 있잖아요. (   )을/를 통해서 많은 것을 배울 수 있으니까 너무 실망하지 마세요.

II (   ) 안의 문형을 써서 대화를 완성해 보십시오. (19-29)

19. 가 : 사업에 실패하면 어떻게 하지요?
    나 : 모누가 열심히 노력했으니까 ....
    (A/V-(으)ㄹ 리가 없다)

20. 가 : 이번 공연에는 누가 나와요?
    나 : ....
    (N에 의하면)

21. 가 : 이 한자 읽을 수 있어요?
    나 : 모르겠는데요. ....
    (V-아/어 달라고 부탁하다)

22. 가 : 지연 씨가 얼마 전에 아기를 낳았다면서요?
    나 : ....
    (N 만에)

23. 가 : 외국에서 공부하는 것의 좋은 점과 나쁜 점에 대해 이야기해 주세요.
    나 : ....
    (A/V-(으)나)

24. 가 : 지금 뭐 하고 있어요?

나 : ....

(V-(으)려던 참이다)

25. 가 : 어제 왜 집에 안 들어가고 친구 집에서 잤어?

나 : 집에 가려고 했는데 ....

(N마저)

26 가 : 어제 아주 바빴지요?

나 : ....

(A/V-(으)ㄹ 정도로)

27. 가 : 다나카 씨가 지금 어디에 있을까요?

나 : ....

(A/V-(으)ㄹ 확률이 높다[낮다, 있다, 없다])

28. 가 : 할 수 있는 운동은 뭐가 있어요?

나 : ....

(N(이)라고는 N밖에 없다[못 V])

29. 가 : 무슨 일 있어요?

나 : ....

(골치(가) 아프다)

CD 1 _ track 2

듣기

I 다음을 듣고 이어질 수 있는 말을 고르십시오. (1–3)

1. ① 가고 싶은 곳이라고는 고향밖에 없어요.
   ② 지난번 시험은 잘 봤으니까 괜찮을 거예요.
   ③ 시험 본 지 일주일 만에 고향으로 돌아가요.
   ④ 쓸데없는 걱정은 하지 말고 준비나 열심히 해요.

2. ① 아버지께서 가도록 허락해 주시면.
   ② 우물 안의 개구리가 되면 어떡하지?
   ③ 비가 올지도 모르니까 우산 챙겨야 해.
   ④ 어머니께 여행 가시라고 말씀드려 봐야지.

3. ① 비행기라고는 한 번밖에 못 타 봤어요.
   ② 안 그래도 그 얘기를 하려던 참이었어요.
   ③ 오늘 안개가 많이 끼어서 취소될지도 몰라요.
   ④ 생각하기에 따라서 쉬울 수도 있고 어려울 수도 있어요.

II 다음을 잘 듣고 질문에 답하십시오. (4–6)

4. ① 청소하는 방법
   ② 편리한 청소기의 소개
   ③ 로봇 청소기의 일반화
   ④ 청소 로봇이 비싼 이유

5. ① 해외 캠프에 가면 우물 안의 개구리가 된다.
   ② 해외 캠프는 참가해도 별로 의미가 없을 것이다.
   ③ 자유 활동은 너무 많아도 안 되고 너무 적어도 안 된다.
   ④ 자유 활동이 너무 적으면 공부에 방해가 될지도 모른다.

6. ① 손으로 입을 막는 것
② 머리 위로 손을 올리는 것
③ 손을 계속해서 움직이는 것
④ 인터뷰하는 사람의 눈을 보고 말하는 것

Ⅲ 다음 내용을 잘 듣고 질문에 답하십시오. (7-8)

7. ① TV를 볼 때는 주변을 캄캄하게 하면 좋다.
② 책을 오래 볼 때는 자주 다른 곳을 보면 좋다.
③ 컴퓨터를 오래 봐야 할 경우는 자주 눈을 감아 준다.
④ 지하철에서는 눈 운동을 하면 피곤함을 느끼게 된다.

8. (   ) - (   ) - (   ) - (   )

①

②

③

④

IV 다음 내용을 잘 듣고 질문에 답하십시오. (9-10)

9. ① 배설물을 이용하는 방법을 연구하고 있다.
   ② 화성 여행을 하게 되면 배설물이 큰 문제가 될 것이다.
   ③ 더 좋은 방법이 나올 때까지 우주선 창밖으로 버리려고 한다.
   ④ 우주 비행사 한 명이 2년 동안 만들어 내는 배설물은 1톤이다.

10. 화성 여행에서 가장 (　　　　　)이/가 아픈 문제는 배설물 문제인데, 과학자들이 그 문제의 (　　　　　) 방법을 찾고 있다.

I 다음 글을 읽고 질문에 대답하십시오. (1-2)

옛날 하늘나라에 환인이라는 하늘의 임금이 있었다. 환인에게는 환웅이라고 하는 아들이 있었는데 환웅은 하늘나라에서 살기보다는 (   )으로 내려가 살고 싶어했다. 환인은 아들의 뜻을 알고 아들에게 (   )을 다스리도록 허락했다. 그리고 환웅에게 (   )을 잘 다스릴 수 있도록 비, 구름, 바람과 부하 3천 명을 데리고 (   )으로 내려가게 했다. (   )으로 내려온 환웅은 백두산에 마을을 만들고 백성을 모아 다스리기 시작했다.

1. (   )에 공통적으로 들어가는 단어를 쓰십시오.

2. 다음 중에서 윗글의 내용과 맞는 것을 고르십시오.
   ① 환인은 환웅의 아들이다.
   ② 환웅은 백두산에 마을을 만들었다.
   ③ 환웅은 하늘나라에서 살고 싶어했다.
   ④ 환웅은 부하 3천 명만 데리고 땅으로 왔다.

II 다음 글을 읽고 질문에 대답하십시오. (3-4)

'㉠ ....'라는 말이 있다. 한 가지에만 관심을 두는 사람들이 자기가 익숙한 것만 보고 다른 것들을 보지 못하는 것을 안타깝게 생각해서 하는 말이다. ㉡ .... 그와 대조되는 표현으로 '한 우물을 파라.'라는 말이 있다. 이것저것에 관심이나 에너지를 써 버리면 결국 아무것도 이루지 못하고 말 수 있기 때문에 어느 한 가지에 집중하는 것이 좋다는 말이다. 우물과 관계있는 이 두 가지 표현은 우리들 삶을 균형 있게 하는 데 도움이 된다.

3. ㉠에 알맞은 표현을 쓰십시오.

4. ㉡에 알맞은 표현을 고르십시오.
   ① 따라서　　② 그런데　　③ 어쨌든　　④ 그러므로

Ⅲ 다음 글을 읽고 질문에 대답하십시오. (5-8)

구슬 이야기

옛날 어떤 사람이 바닷가에서 구슬 하나를 잃어버렸는데, 그 구슬은 조상으로부터 물려받은 아주 귀한 것이었다. 그 사람은 무슨 일이 있어도 구슬을 찾겠다고 결심하고 바닷물을 퍼내기 시작했다. (가)

"이 많은 바닷물을 어떻게 다 퍼낼 수 있을까? 저 사람은 며칠 지나지 않아서 포기하고 말 거야." 하고 바다의 신은 비웃었다. 그런데 며칠 뒤에 와서 보니 여전히 그 사람은 바닷물을 퍼내고 있었다. (나)

한 달이 지나고 또 십 년이 지나도 ㉠ 계속 바닷물을 퍼낼 것 같아 보이자 바다의 신은 갑자기 겁이 나기 시작했다. 이러다가 바닷물이 말라서 자기가 살고 있는 곳에까지 문제가 생길 수 있을 것 같았기 때문이었다. (다)

구슬을 찾겠다는 대단한 의지를 가지고 끊임없이 노력해서 결국 구슬을 돌아오게 한 것이다. '하늘은 스스로 돕는 자를 돕는다'라는 말은 바로 이럴 때 쓰는 말이다. 앞으로 살아갈 날이 많은 우리들이 큰 뜻을 세워 열심히 노력한다면 이루지 못할 것이 없을 것이다. (라)

5. 다음 글이 들어갈 곳을 고르십시오.

> 결국 바다의 신은 바다 속을 뒤져서 구슬을 찾아 그 사람에게 갖다 줄 수밖에 없었다고 한다.

① (가)　② (나)　③ (다)　④ (라)

6. ㉠과 같은 뜻을 가진 단어를 윗글에서 찾아 쓰십시오.

7. 윗글의 내용과 같은 것을 고르십시오.
① 그 사람은 구슬을 찾으려는 의지가 대단히 강했다.
② 바다의 신이 살고 있는 곳까지 물이 마르기 시작했다.
③ 구슬을 잃어버린 사람은 구슬 찾기를 포기하고 말았다.
④ 그는 구슬을 찾기 위해 십 년이 넘도록 바닷물을 퍼내고 있었다.

8. 윗글 중에서 가장 중요한 문장(주제문)이 들어 있는 것을 고르십시오.
① (가)　② (나)　③ (다)　④ (라)

신 화

I **다음은 옛날이야기에 나오는 동물들의 그림입니다.**

1. 여러분 나라의 신화나 옛날이야기에 자주 나오는 동물을 찾아보십시오.

2. 각각의 동물이 어떤 이미지를 가지고 있는지 써 보십시오.

동물 이름	이미지

Ⅱ 다음의 표현을 이용하여 동물이 나오는 신화나 옛날이야기를 써 보십시오.

옛날 옛날에	어느 N[마을, 곳, 나라]에	소원	간절히
V-아/어 달라고 부탁하다	N(이)라고 부르다	A/V-(으)나	

5과 환경 문제에 관심이 많아요

대화 연습

V-고도 남다

1. 가 : 음식이 모자라지 않겠지요?
   나 : 이 정도면 ______________________________

2. 가 : 이 돈으로 한 달 동안 살 수 있을까요?
   나 : 그럼요. ______________________________

3. 가 : 시험까지 일주일밖에 안 남아서 걱정이에요.
   나 : 일주일이면 ______________________ 걱정하지 마세요.

4. 가 : 이 방에서 모이려고 하는데 의자가 충분할까요?
   나 : 네, 모두가 ______________________________

V-(으)ㄹ 만큼

1. 가 : 그 사람은 수영을 아주 잘한다고 하던데 얼마나 잘해요?
   나 : ______________________________

2. 가 : 그 가수가 유명해요?
   나 : 네, ______________________________

3. 가 : 영화 보는 것을 아주 좋아하지요?
   나 : 네, ______________________________

4. 가 : 두 사람은 얼마나 친해요?
   나 : ______________________________

A/V-지 않으면 안 되다

1. 가 : 이 병을 다른 쓰레기와 같이 버려도 돼요?
   나 : 아니요, ...

2. 가 : 민석 씨, 오늘 오후에 나 좀 도와줄 수 있어요?
   나 : 어떡하지요? 오후에 약속이 있어서 ....

3. 가 : 그렇게 바쁘다고 하면서 오늘 모임에 꼭 가야 돼요?
   나 : 1년에 한 번 있는 모임이니까 ....

4. 가 : 일주일 전에 도서관에서 책을 빌렸는데 언제까지 돌려줘야 돼요?
   나 : 오늘까지 ....

N처럼 A/V-(으)ㄴ/는 N도 없다

1. 가 : 준석 씨가 재미있어요?
   나 : 그럼요. 준석 씨처럼 ....

2. 가 : 옷을 사고 싶은데 어디가 좋을까요?
   나 : 동대문시장에 가 보세요. 동대문시장처럼 ....
   ....

3. 가 : 여행했던 곳 중에서 어디가 제일 마음에 들어요?
   나 : 설악산요. 설악산처럼 ....

4. 가 : 이 영화배우를 왜 그렇게 좋아해요?
   나 : 이 배우처럼 ....

6과 일회용품의 사용을 줄입시다

대화 연습

N을/를 줄이다[늘리다], N이/가 줄다[늘다]

1. 가 : 아줌마, 반찬이 너무 많아서 다 먹을 수가 없었어요.
   나 : 그럼 다음에는 ....

2. 가 : 요즘 농촌의 가장 큰 문제점은 무엇입니까?
   나 : 농촌에 젊은이들이 ....

3. 가 : 서울은 10년 전과 비교하면 뭐가 달라졌어요?
   나 : 10년 전에 비해 아파트촌이 ....

4. 가 : 바지허리가 조금 작은데 어떻게 하지요?
   나 : 세탁소에 가서 ....

무엇[누구, 어디]보다도

1. 가 : 옷을 살 때 무엇을 제일 중요하게 생각해요?
   나 : .... 을/를 중요하게 생각해요.

2. 가 : 귀국하면 제일 먼저 뭘 하고 싶어요?
   나 : .... 을/를 먹고 싶어요.

3. 가 : 한국에서 여행을 간다면 어디를 꼭 가고 싶어요?
   나 : .... 에 가고 싶어요.

4. 가 : 지금 누가 제일 보고 싶어요?
   나 : .... 이/가 제일 보고 싶어요.

V-다가는

1. 가 : 재민 씨는 운전을 너무 빨리해서 큰일이에요.
   나 : 맞아요. ______________________________ 사고가 날지도 몰라요.

2. 가 : 미영 씨가 다이어트 때문에 며칠 동안 아무것도 안 먹었대요.
   나 : ______________________________ 쓰러질 거예요.

3. 가 : 우리 아이는 매일 컴퓨터만 해요.
   나 : ______________________________ 눈이 많이 나빠질 거예요.

4. 가 : 마이클 씨는 매일 택시 타고 학교에 오는 것 같아요.
   나 : ______________________________ 생활비가 모자라게 될 거예요.

N이/가 N(으)로 덮이다

1. 가을이 되면 산이 ______________________________ 아주 아름답다.

2. 저 산은 아주 높아서 언제나 산꼭대기가 ______________________________

3. 봄이 되면 들판이 ______________________________

4. 오랫동안 청소를 안 했더니 ______________________________

7과 선봤다는 소문을 들었어

대화 연습

A/V-다고 하더니

1. 가 : 민수가 집에 없네?
   나 : ____________________ 벌써 갔나 봐요.

2. 가 : 동생이 이번에 피아노 대회에서 일등 했어요?
   나 : 네, ____________________ 정말 일등을 했네요.

3. 가 : 그 두 사람은 헤어졌어요?
   나 : 네, 그런가 봐요. ____________________ 왜 헤어졌을까?

4. 가 : 동생의 여자 친구가 고향에 돌아갔어요?
   나 : 네, 이번 방학에는 ____________________ 어제 고향에 갔다고 해요.

A/V-(으)ㄴ/는 데다가

1. 가 : 왜 그렇게 기분이 안 좋아요?
   나 : ____________________ 여자 친구와 싸웠거든요.

2. 가 : 다나카 씨 하숙집은 어때요?
   나 : ____________________ 시설도 좋아요.

3. 가 : 왜 제주도에 안 갔어요?
   나 : ____________________ 돈도 없어서요.

4. 가 : 저 가수를 왜 좋아해요?
   나 : ____________________ 멋있잖아요.

V-다 보면

1. 가 : 나도 지연 씨처럼 음식을 잘 만들 수 있으면 좋겠어요.
   나 : ....

2. 가 : 운동을 계속하면 건강해질까요?
   나 : 그럼요. ....

3. 가 : 어떻게 하면 뉴스를 잘 알아들을 수 있을까요?
   나 : ....

4. 가 : 한국에 온 지 얼마 안 돼서 불편한 게 많아요.
   나 : ....

V-다 보니(까)

1. 가 : 영숙 씨와 아주 친한 것 같아요.
   나 : 네, ... 친해졌어요.

2. 가 : 어떻게 외국 동전을 많이 모았어요?
   나 : .... 외국 동전이 많아졌어요.

3. 가 : 한국 노래를 참 많이 알고 있네요?
   나 : .... 노래를 많이 알게 되었어요.

4. 가 : 이번 달 전화 요금이 왜 이렇게 많이 나왔어요?
   나 : .... 평소보다 많이 나왔어요.

8과 한국말을 잘한다면서 칭찬해요

대화 연습

A/V-다/자/냐/라면서

1. 가 : 친구가 무슨 일로 한턱냈어요?
   나 : ____________________

2. 가 : 친구가 왜 전화했어요?
   나 : ____________________

3. 가 : 엄마가 뭐라고 하시면서 화를 내셨어요?
   나 : ____________________

4. 가 : 누가 이 책을 빌려 줬어요?
   나 : ____________________

N(으)로 가득하다

1. 교수님 방은 ____________________ 도서관 같다.

2. 이 책은 ____________________ 읽기가 어렵다.

3. 남대문시장은 ____________________ 좋다.

4. 청소를 안 해서 방 안이 ____________________

A/V-(으)/느냐든지 A/V-(으)/느냐든지

1. 가 : 어떤 질문을 받으면 대답하기 곤란해요?
   나 : ______________________ 하는 질문을 받으면 대답하기 곤란해요.

2. 가 : 비행기 표를 예약할 때 여행사 직원이 뭘 물어봐요?
   나 : ______________________ 하는 질문을 해요.

3. 가 : 새로 이사 갈 하숙집 아주머니가 뭘 물어보셨어요?
   나 : ______________________ 하는 질문을 하셨어요.

4. 가 : 회사 면접을 할 때 뭘 물어볼까요?
   나 : ______________________ 하는 질문을 하지 않을까요?

A/V-았/었(느)냐든지 A/V-았/었(느)냐든지

1. 가 : 부모님이 한국에 대해 무엇을 물어보셨어요?
   나 : ______________________ 하는 질문을 하셨어요.

2. 가 : 친구들이 여행에 대해 관심을 많이 보였어요?
   나 : 네, ______________________ 하는 질문을 했어요.

3. 가 : 학생들이 선생님께 무슨 질문을 했어요?
   나 : ______________________ 하는 질문을 했어요.

4. 가 : 식당 주인이 무엇을 물어봤어요?
   나 : ______________________ 하는 질문을 했어요.

복습 2

어휘와 문법

I 다음에서 알맞은 단어를 찾아 문장에 맞게 쓰십시오. (1–18)

가득하다	늘다	다행이다	당황하다	덜다	덮이다	반응	보호하다
분리수거	빠지다	수준	습관	식다	실천하다	싫증	엊그제
유창하다	일회용품	절약하다	종류	칭찬하다	편의	한계	

1. 운동을 하는 것이 건강에 좋다는 사실은 누구나 알고 있지만 (　　　　　) 것은 쉽지 않다.

2. 양이 많으면 여기에 (　　　　　) 놓고 드세요.

3. 나는 공부를 할 때 항상 음악을 듣는 (　　　　　)이/가 있다.

4. 이번 달에 전기료가 많이 나왔는데 전기를 (　　　　　)야겠다.

5. 커피는 어떤 (　　　　　)이/가 있어요? 메뉴를 보여 주세요.

6. 한국에 와서 매일 김밥을 먹었더니 이제는 (　　　　　)이/가 나서 먹고 싶지 않다.

7. 생활(　　　　　)이/가 높아지면서 환경오염도 심각하게 되었다.

8. 재활용품을 모아서 (　　　　　)하는 날에 버려야 한다.

9. 그 가수의 새 노래가 어떤 (　　　　　)을/를 얻을지 궁금하다.

10. 서울시는 시민들의 (　　　　　)을/를 위해 거리에 쓰레기통을 더 많이 설치할 계획이라고 한다.

11. 환경을 위해 (　　　　　)의 사용을 줄입시다.

12. 한국어를 배우는 외국인의 수가 점점 (　　　　　)고 있다.

13. 어제 내린 눈 때문에 거리가 온통 눈으로 (　　　　　) 있다.

14. 아이에게는 야단치는 것보다 (　　　　　) 것이 효과적이다.

15. 국물이 (　　　　　)기 전에 드세요.

16. 우리가 만난 것이 (　　　　　) 같은데 세월이 참 빠르네요.

17. 한국말을 (　　　　　)게 하시는데 어떻게 공부하셨어요?

18. 잃어버린 지갑을 찾으셔서 (　　　　　)군요.

II (　　) 안의 문형을 써서 대답해 보십시오. (19-29)

19. 가 : 여기에 침대를 놓을 수 있을까요?
나 : ....

(V-고도 남다)

20. 가 : 그 일 때문에 두 사람의 사이가 나빠졌어요?
나 : ....

(V-(으)ㄹ 만큼)

21. 가 : 만약 내가 모임에 못 가게 되면 어떻게 해요?
나 : ....

(A/V-지 않으면 안 되다)

22. 가 : 지연 씨는 마음씨가 착하지요?
나 : ....

(N처럼 A/V-(으)ㄴ/는 N도 없다)

23. 가 : 내일도 학교를 결석해야 할 것 같아.
나 : ....

(V-다가는)

24. 가 : ....

(A/V-다면서(요)?)

나 : 아니에요, 아까도 같이 점심 먹는 거 봤는데.

25. 가 : ....

(N(이)라면서(요)?)

나 : 아니요, 제 남자 친구는 저 사람이에요.

26. 가 : 결혼해 보니 남편이 정말 잘해 줘요?

나 : ....

(A/V-다고 하더니)

27. 가 : 왜 그렇게 기분이 좋아요?

나 : ....

(A/V-(으)ㄴ/는 데다가)

28. 가 : 비행기 표가 아직 남아 있을까요?

나 : ....

(한번 V-아/어 보기나 하다)

29. 가 : 영석 씨가 뭐라고 말하면서 화를 냈어요?

나 : ....

(A/V-다/자/냐/라면서)

CD1 _ track 3

듣 기

I 다음을 듣고 이어질 수 있는 말을 고르십시오. (1-3)

1. ① 세월이 쏜살같이 지나갔어요.
   ② 무엇보다도 인간성이 좋아야지요.
   ③ 손본 지 얼마 안 됐는데 또 고장 났어요.
   ④ 눈이 빠지도록 기다렸는데 결국 그 사람이 안 왔어요.

2. ① 영숙 씨도 간다고 하더니 갔대요.
   ② 깨끗한 데다가 노래 종류도 많아요.
   ③ 중요한 건 시설이 아니라 비용이지요.
   ④ 재민 씨처럼 노래 잘하는 사람도 없어요.

3. ① 지구가 쓰레기로 덮일 뻔했어요.
   ② 거리가 사람과 자동차로 가득하니까요.
   ③ 차 타는 대신 걸어서 다니다 보면 환경도 건강도 좋아질 거예요.
   ④ 쓰레기를 적게 버리냐든지 일회용품을 쓰지 않느냐든지를 물어봤어요.

II 다음을 잘 듣고 질문에 답하십시오. (4-5)

4. ① 얼음이 녹는 이유
   ② 지구가 더워지는 이유
   ③ 바닷물과 바닷가의 땅
   ④ 지구 온난화로 생기는 현상

5. ① 인터넷과 관계된 책을 찾는 사람이 늘고 있다.
   ② 인터넷 서점을 이용하면 배달 비용을 내야 한다.
   ③ 인터넷 서점을 이용하면 무료로 책을 볼 수 있다.
   ④ 인터넷 서점을 이용하면 주문한 지 하루 만에 책을 받을 수 있다.

Ⅲ 다음 내용을 잘 듣고 질문에 답하십시오. (6-7)

6. ① 분리수거일은 매주 월요일이다.
   ② 우유 팩이 분해되는 시간은 10년이다.
   ③ 민수는 아르바이트 때문에 분리수거를 할 수 없다.
   ④ 일회용 컵보다 담배 필터가 분해되는 시간이 더 길다.

7. ①
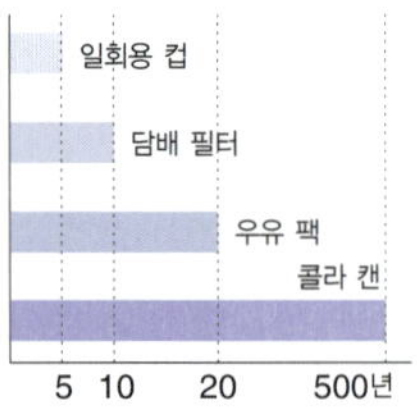

②
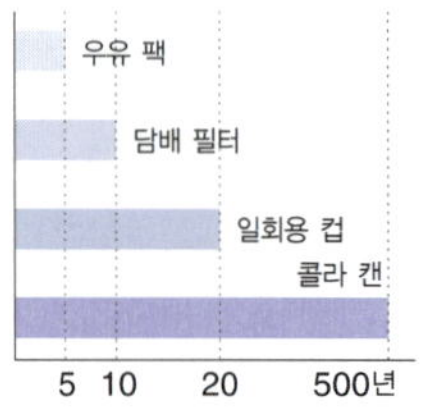

③
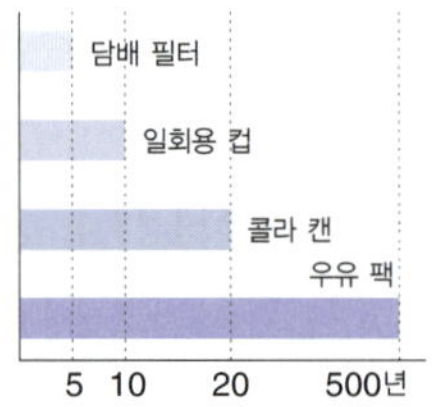

④
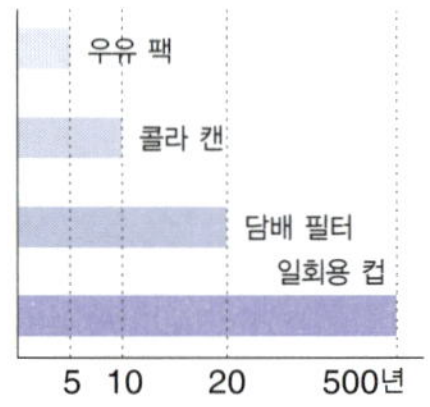

Ⅳ 다음 내용을 잘 듣고 질문에 답하십시오. (8-9)

8. ① 오래된 교과서
   ② 쓰지 않은 공책
   ③ 입다가 작아진 옷
   ④ 가지고 놀던 장난감

9. ① 물건을 재활용할 수 있다.
   ② 아이들에게 경제 교육이 된다.
   ③ 이웃들이 서로 알게 되어 친해진다.
   ④ 물건을 파는 아이들이 인기를 얻게 된다.

Ⅴ 다음 내용을 잘 듣고 질문에 답하십시오. (10)

10. (   )

읽기

I 다음 글을 읽고 질문에 대답하십시오. (1-2)

준석 : 지연아, 선을 봤다는 소문을 들었는데 정말이니? 어떤 사람인지 궁금한데 말 좀 해 봐.

지연 : 이모 친구의 동생인데 좋은 대학을 나오고 집안도 좋고 잘생겼다고 하도 칭찬을 해서 한번 만나 보기나 하려고 나갔어.

준석 : 그래서 ㉠ ________ 만나 보니 어땠어?

지연 : 글쎄, 인상은 괜찮지만 한 번 보고 어떤 사람인지 잘 모르지, 뭐. 난 조건 ㉡ ________ 인간성이 더 중요하다고 생각하거든.

1. ㉠, ㉡에 알맞은 말을 고르십시오.
   ① 직접, 마저　② 대신, 우선　③ 직접, 보다는　④ 대신, 아니면

2. 다음 중에서 윗글의 내용과 맞는 것을 고르십시오.
   ① 준석의 이모가 선을 볼 사람을 소개해 주었다.
   ② 준석이는 결혼에는 조건이 중요하다고 생각한다.
   ③ 신랑감의 조건이 나빠서 지연이는 어떻게 할지 생각 중이다.
   ④ 지연이는 신랑감을 조건만 듣고 만나서 그의 인간성에 대해서는 잘 모른다.

II 다음 글을 읽고 질문에 대답하십시오. (3-4)

사람들은 화가 나면 어떻게 할까? 어떤 신문 기사에 의하면 성별에 따라 그 방법이 다르다고 한다. 여자들의 경우, 화를 푸는 방법의 1위는 '그냥 참기'(19.5%), 2위는 '수다나 대화'(15.7%)였다. 이어서 '집안일 열심히 하기'(8.4%), '종교 생활'(7.5%), '음악 듣기'(6.1%) 등의 순서라고 한다. ________ 남자들은 '술 마시기'(27.6%), '등산이나 운동'(17.6%), '그냥 참기'(13.3%), '친구와 대화'(6.9%), '휴식'(4.8%)의 순서로 나타났다.

3. .... 에 알맞은 말을 고르십시오.

① 이와 같이　　② 이에 따라

③ 이에 비해　　④ 이에 의해서

4. 윗글의 내용과 다른 것을 고르십시오.

① 여자 5명 중의 1명은 화가 났을 때 그냥 참는다.

② 남자와 여자는 화를 푸는 공통적인 방법이 있다.

③ 화가 났을 때 여자들은 열심히 일을 하기도 한다.

④ 화가 나면 남자나 여자나 차이 없이 실컷 화를 낸다.

III 다음 글을 읽고 질문에 대답하십시오. (5-7)

손을 많이 사용하면 건강하게 오래 살 수 있을까? 미국의 한 조사에 (㉠) 건강하게 오래 산 사람들의 직업 중 1위가 지휘자이고, 2위가 피아니스트였다고 한다. 이 두 직업은 모두 손을 많이 사용한다는 공통점이 있다. 손을 많이 움직이는 것이 건강에 좋다는 사실은 더 이상 입에서 입으로 전해지는 '소문'이 아니다. 부산 모 대학의 한 교수는 박수와 달리기 운동의 효과에 관한 비교 연구를 하였는데, 그 연구 결과에 (㉡) 30초 간 박수를 치는 것과 10m 왕복 달리기를 하는 것이 비슷한 운동 효과를 나타낸다고 한다. 또한 그는 '건강 박수'를 개발하여 좋은 반응을 얻고 있는데, 이 가운데 몇 가지를 소개해 보면 다음과 같다.

첫째로 '손바닥 박수'는 손가락을 쫙 펴고 약간 뒤로 젖히고 손목은 서로 붙이고 손바닥만으로 박수를 친다. 이것은 몸의 내장 기능을 활성화시킨다. 둘째로 머리와 어깨가 아플 때는 주먹을 쥐고 양손을 맞대고 치는 '주먹 박수'가 좋다. 셋째로 '손가락 박수'는 손바닥 박수의 형태를 하고 손가락 끝만 서로 치는 것으로 소리가 나지 않는다. 특히 이것은 코 부위가 좋지 않은 사람은 자주 해 주면 좋다. 마지막으로 '손등 박수'는 한쪽 손등을 다른 한 손으로 때리듯이 치는 박수인데 양손을 바꿔 가며 손등을 친다. 이 박수는 특히 허리를 강하게 하는 효과가 있다.

5. 이 글의 제목을 붙여 보십시오.

6. 이 글의 ㉠, ㉡에 공통적으로 들어갈 수 있는 표현을 써 보십시오.

7. 아래의 그림을 보고 어떤 박수이고 어디에 좋은지 써 보십시오.

보기

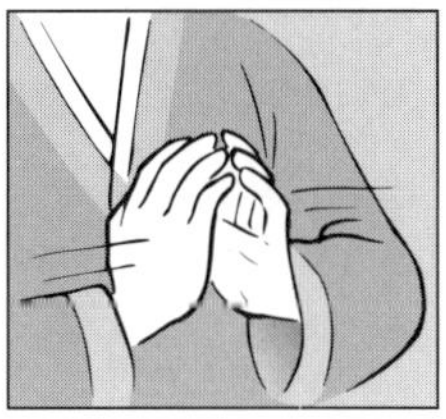

손가락 박수

코

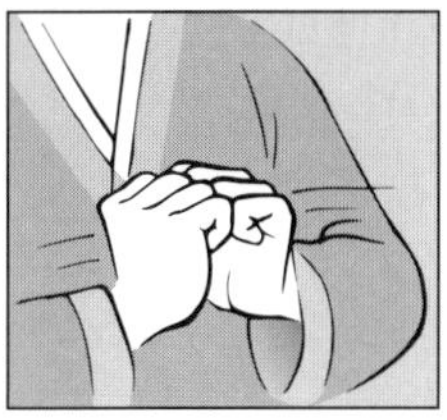

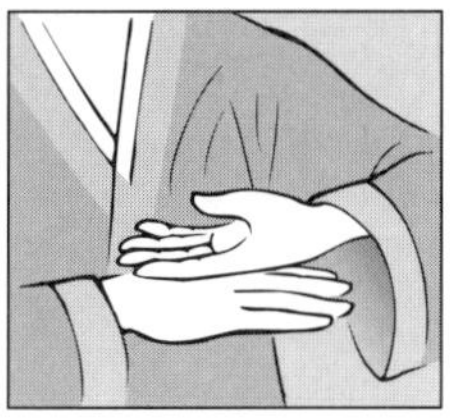

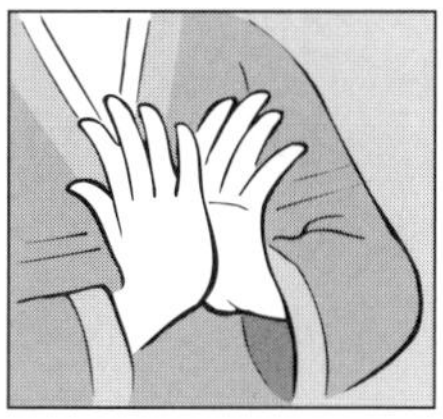

① ....

....

② ....

....

③ ....

....

쓰 기

I 다음의 글은 공장을 세우기로 계획된 지역에 살고 있는 주민의 이야기입니다.

내가 살고 있는 곳은 산과 강이 있는 아름다운 곳입니다. 그런데 우리 지역에 큰 공장을 세울 것이라고 합니다. 어떤 사람들은 공장을 세우면 주민들이 돈을 벌 수 있고, 지역이 발전할 것이라면서 좋아합니다. 하지만 자연이 파괴되고 공기도 나빠질 것이라면서 싫어하는 사람들도 있습니다. 사람들이 이야기를 계속하고 있지만 쉽게 결론이 나지 않을 것 같습니다. 어떻게 하는 것이 가장 좋을까요?

1. 여러분이 이 지역의 주민이라면 이 지역에 공장을 세워야 한다고 하시겠습니까? 세우면 안 된다고 하시겠습니까?

2. 그 이유는 무엇입니까?

II 다음 표현을 이용하여 자신의 생각을 써 보십시오.

오염	의식	환경 보호	N을/를 줄이다[늘리다]	V-다가는
A/V-지 않으면 안 되다			N에/에게 관심이 있다[없다]	

9과 친한 친구도 가족처럼 생각해요

대화 연습

그랬더니

1. 가 : 여자 친구가 왜 화를 냈어요?

   나 : ______________________. 그랬더니 화를 냈어요.

2. 가 : 사과를 아주 싸게 샀네요.

   나 : ______________________. 그랬더니 아주머니가 사과를 싸게 주셨어요.

3. 가 : 감기 다 나았어요?

   나 : 네, ______________________. 그랬더니 다 나았어요.

4. 가 : 어떻게 한국어 발음이 좋아졌어요?

   나 : ______________________. 그랬더니 발음이 좋아졌어요.

N을/를 A-게 여기다, N을/를 N(으)로 여기다

1. 가 : 회사 생활에서 가장 중요하다고 생각하는 것이 뭐예요?

   나 : 저는 ______________________

2. 가 : 우리 엄마는 아침저녁으로 전화를 걸어서 나를 귀찮게 해.

   나 : 귀찮게 생각하지 말고 ______________________

3. 가 : 그 말 농담이지요?

   나 : 내 말을 ______________________

4. 가 : 일이 힘들지 않아요?

   나 : 힘들지만 ______________________

V-는 관습[습관, 사고방식]

1. 가 : 1월 1일에 ____________ 씨 나라 사람들은 무엇을 해요?
   나 : ________________________________ 관습이 있어요.

2. 가 : ____________ 씨는 특별한 습관이 있어요?
   나 : ________________________________ 습관이 있어요.

3. 가 : ____________ 씨는 고치고 싶은 습관이 있어요?
   나 : 네, ________________________________ 습관을 고치고 싶어요.

4. 가 : 그 사람의 어떤 사고방식이 문제라고 생각해요?
   나 : ________________________________ 사고방식이 문제지요.

A/V-더군(요)

1. 가 : 지난 주말에 등산 잘 다녀왔어요?
   나 : 네, ________________________________

2. 가 : 이 영화 보셨어요? 재미있었어요?
   나 : 네, 시나리오도 좋고 ________________________________

3. 가 : 마이클 씨 어디 갔어요?
   나 : 조금 전에 ________________________________

4. 가 : 여기 있던 책이 없어졌네요.
   나 : 다나카 씨가 ________________________________

10과 백성들의 도움으로 살아나곤 했대요

대화 연습

V-곤 하다

1. 가 : 부모님이 보고 싶으면 어떻게 해요?

   나 : 그때는 ______________________

2. 가 : 시간이 남을 때 무엇을 해요?

   나 : 시간이 남으면 ______________________

3. 가 : 너무 피곤하면 어떻게 해요?

   나 : 너무 피곤하면 ______________________

4. 가 : 어렸을 때 친구와 어떻게 놀았어요?

   나 : 어렸을 때 ______________________

N 덕분에[으로], V-(으)ㄴ/는 덕분에[으로]

1. 가 : 김치 만드는 법을 어떻게 알게 됐어요?

   나 : ______________________ 쉽게 배웠어요.

2. 가 : 생활비가 많이 들 텐데 생활이 힘들지 않아요?

   나 : ______________________ 힘들지 않게 지내고 있어요.

3. 가 : 갑자기 비가 와서 어떻게 했어요?

   나 : ______________________ 무사히 집에 갈 수 있었어요.

4. 가 : 집 찾기 힘들지 않았어요?

   나 : ______________________ 쉽게 찾았어요.

A/V-(으)ㄴ/는 경우가 (많이) 있다[없다]

1. 가 : 어제 메일을 보냈는데 아직 못 받았어?
   나 : 정말? 이상하다. ________________ 경우가 없었는데.

2. 가 : 사람들이 나하고 우리 엄마하고 전화 목소리가 비슷하대.
   나 : 나도 ________________

3. 가 : 물을 많이 줬는데 꽃이 왜 죽었을까요?
   나 : ________________

4. 가 : 백화점에 그렇게 싼 물건도 있어요?
   나 : ________________

A/V-(으)ㄴ/는/(으)ㄹ 경우(에)(는)

1. 가 : 도서관에 자리가 없으면 어떻게 할까?
   나 : ________________ 교실에서 공부하자.

2. 가 : 등산 가서 길을 잃으면 어떻게 하지요?
   나 : ________________ 119에 전화하세요.

3. 가 : 여자 친구가 이 선물을 좋아하지 않으면 어떻게 해요?
   나 : ________________ 돈으로 바꿔 드릴게요.

4. 가 : 혹시 기계가 고장이 나면 어떻게 해요?
   나 : ________________ 저희 회사에 연락해 주시면 됩니다.

V-아/어다(가)

1. 가 : 김치를 담가 드세요?

   나 : 아니요, ____________________

2. 가 : 이 과자 맛있다. 어디에서 샀어?

   나 : 산 게 아니라 지연 씨가 ____________________

3. 가 : 김 선생님 전화번호 알면 가르쳐 주세요.

   나 : 저도 모르는데 사무실에서 ____________________

4. 가 : 회색 양복 어디 있어요?

   나 : 아직 세탁소에서 안 찾아왔는데 ____________________

11과 지역에 따라 차이를 보였습니다

대화 연습

A/V-(으)ㄴ/는 셈이다

1. 가 : 마이클이 내 김밥을 한 개만 남기고 다 먹어 버렸어요.
   나 : 그럼 ________________
2. 가 : 어제 식사비가 6만 원인데 박 선생님이 5만 원 내셨어요.
   나 : 그럼 ________________
3. 가 : 중고차를 샀더니 고장이 자꾸 나서 수리비가 많이 들어요.
   나 : 사람들이 중고차가 싼 것 같지만 ________________
4. 가 : 홍콩 공항에서만 2시간 정도 머물렀다면 홍콩에 가 봤다고 할 수 있을까요?
   나 : ________________

N을/를 시키다, V-(으)라고 시키다

1. 가 : 형, 피곤해서 빨리 잘 거라고 하더니 왜 갑자기 청소를 해?
   나 : ________________ 시키셨거든.
2. 가 : 내 동생은 키가 크고 공을 가지고 하는 운동을 좋아해요.
   나 : ________________ 좋겠네요.
3. 가 : 무슨 일로 꽃집에 가는 거야?
   나 : ________________ 시켰거든요.
4. 가 : 어렸을 때 무슨 심부름 많이 했어요?
   나 : ________________ 시키셨어요.

대화 연습

(N에 따라) N(에) 차이를 보이다[차이가 있다, 차이가 나다]

▶ 다음의 내용을 읽고 위의 문형을 이용하여 문장을 만들어 보십시오.

1. [10월~11월] 알뜰하게 떠나는 가을 여행

상품명	기간	요금
도쿄	3일	499,000원
도쿄	4일	599,000원
베이징/만리장성	4일	599,000원
태국/홍콩	6일	799,000원
말레이시아/싱가포르	6일	899,000원

✎ ....

✎ ....

2. 취미 교실 안내

강의명	모집 인원(명)	강의일(요일)	강의료(원)
수영	40	월, 수, 금	80,000원
스포츠 댄스	30	화, 목	120,000원
웰빙 식탁 차리기	25	목	100,000원
노래 교실	15	수	70,000원
한글 서예	20	화, 목	90,000원
생활 도예	10	수, 금	100,000원

✎ ....

✎ ....

A/V-(으)ㄴ/는 것으로 나타나다[조사되다]

▶ 다음의 내용을 읽고 위의 문형을 이용하여 문장을 만들어 보십시오.

1. 하루 평균 인터넷 이용 시간 (성인/연령별)

	3시간 이상	1~3시간	1시간 미만	거의 안 함
남자	12.5	34.1	35.7	17.7
여자	8.5	24.8	37.1	29.6
10대	15.4	48.3	34.6	1.7
20대	19.4	42.3	30.7	7.6
30대	8.7	29.4	43.8	18.1
40대	5.4	16.9	43.1	34.6
50대	2.0	8.8	21.1	68.1
전체	10.5	29.5	36.4	23.6

2. **주말을 어떻게 보내는가?**

(1) 여행이든 외식이든 가족과 함께 한다. 53%
(2) 집에서 주로 TV 시청 등으로 보내고 있다. 19%
(3) 가족 방문 등으로 시간을 대부분 보낸다. 12%
(4) 골프나 낚시, 등산 등의 취미 생활을 즐기는 편이다. 11%
(5) 회사 일을 하는 경우도 많다. 5%

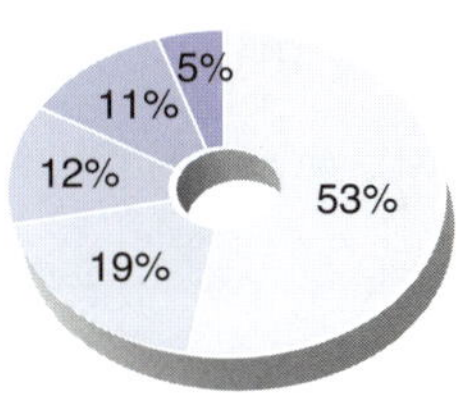

12과 어떻게 생각하느냐에 따라 다르지

대화 연습

A/V-(으)/느냐에 따라 다르다

1. 가 : 부산까지 가는 데 차비가 얼마나 들어요?
   나 : 무엇을 ______________________________

2. 가 : 집마다 김치 맛이 다르다면서요?
   나 : 그럼요. 어떤 양념을 ______________________________

3. 가 : 아빠, 이번에 시험 잘 보면 용돈 많이 주실 거지요?
   나 : 얼마나 ______________________________

4. 가 : 이사를 가려고 하는데 비용이 얼마나 들어요?
   나 : 짐이 ______________________________

N-거리

1. 가 : 이 옷 어때요?
   나 : 그런 옷은 ____________________가 되니까 입지 않는 게 좋겠어요.

2. 가 : 그 친구와 만나면 시간 가는 줄 몰라요?
   나 : 네, 친한 친구라서 ____________________가 많거든요.

3. 가 : 오징어 드세요.
   나 : 웬 오징어예요? 좋은 ____________________가 있으니까 맥주 한잔 합시다.

4. 가 : 엄마, 어디에 가세요?
   나 : ____________________를 사러 시장에 가는데 같이 가겠니?

S-(으)나 S-(으)나

1. 가 : 그 모임에 꼭 가야 돼요?
   나 : 네, 중요한 모임이니까 ....

2. 가 : 사장님도 그 유니폼을 입으세요?
   나 : 네, 우리 회사는 ....

3. 가 : 저 가게는 24시간 문을 열어요?
   나 : 네, 그 가게는 ....

4. 가 : 어머니께서 전화를 자주 하시네요.
   나 : 네, 우리 어머니께서는 ....

A/V-(으)ㄹ 게 뻔하다

1. 가 : 이 식당은 손님이 없네요?
   나 : 그럼 .... 다른 데로 가요.

2. 가 : 와! 싸다. 우리 이거 살까?
   나 : 사지 마. 너무 싼 걸 보니 ....

3. 가 : 미영 씨가 오늘은 안 늦겠다고 했는데 왜 안 오지?
   나 : 기대하지 마. ....

4. 가 : 미영 씨에게 삼겹살 먹으러 같이 가자고 할까?
   나 : 미영 씨는 다이어트 중이니까 ....

복습 3

I 다음에서 알맞은 단어를 찾아 문장에 맞게 쓰십시오. (1-18)

결국	관습	근로자	끊이다	나타나다	당하다	대상	대하다
독방	보도	생계	습관	시키다	실제로	안정되다	여기다
열중하다	자라다	자유	제도	추억	함부로	흥미롭다	

1. 이 책의 제목이 (　　　　　)데 한번 읽어 볼까요?
2. 작년에 심은 나무가 많이 (　　　　　).
3. 한국 사람들은 설날 아침에 어른들에게 세배를 하는 (　　　　　)이/가 있어요.
4. 어제 길을 건너다가 사고를 (　　　　　) 뻔했어요.
5. 이번 여행은 좋은 (　　　　　)이/가 될 만한 여행이었습니다.
6. 우리는 비록 국적은 다르지만 친형제로 (　　　　　) 정도로 사이가 좋다.
7. 손님에게 친절하게 (　　　　　)야 한다.
8. 남의 물건을 (　　　　　) 만지지 마시오.
9. 나는 컴퓨터에 (　　　　　)(으)면 시간이 가는 줄 모른다.
10. 두 사람은 매일 싸우더니 (　　　　　) 헤어지게 되었다.
11. 이 음악을 들으면 불안하던 마음이 (　　　　　).
12. 김영호 기자의 (　　　　　)에 의하면 지역에 따라 과외비에 차이가 있다고 한다.
13. 우리 출판사는 어린이를 (　　　　　)(으)로 하는 책을 만들고 있어요.
14. 어젯밤에 유에프오(UFO)가 (　　　　　)다고 하는데 정말이에요?

15. 5월 1일은 '(   )의 날' 입니다.

16. 초등학교 6년, 중학교 3년, 고등학교 3년으로 되어 있는 교육 (   )이/가 앞으로 달라질지도 모른다고 한다.

17. 아버지가 돌아가시자 어머니는 앞으로 어떻게 (   )을/를 이어 나가야 할지 걱정하셨다.

18. 전화가 (   )지 않고 계속 와서 아무 일도 할 수 없었어요.

II ( ) 안의 문형을 써서 대답해 보십시오. (19-28)

19. 가 : 회사를 그만둔다는 말 농담이지요?
    나 : ....

    (N을/를 N(으)로 여기다)

20. 가 : 고등학교 다닐 때 친구들을 만나면 뭘 했어요?
    나 : ....

    (V-곤 하다)

21. 가 : 어떻게 집 문제를 해결했어?
    나 : ....

    (V-(으)ㄴ/는 덕분에[으로])

22. 가 : 회사 일이 어렵지요?
    나 : ....

    (비록 A/V-지만)

23. 가 : 이 책은 사고 싶지만 너무 비싸네요.

나 : ....

(V-아/어다(가))

24. 가 : 영어 학원에 다니려고 하는데 학원비가 얼마쯤 할까요?

나 : ....

((N에 따라) N(에) 차이를 보이다[차이가 있다, 차이가 나다])

25. 가 : 하루에 1시간 공부하면 많이 하는 거예요?

나 : ....

(A/V-(으)ㄴ/는 셈이다)

26. 가 : 제주도 여행을 하려면 돈이 얼마나 필요해요?

나 : ....

(A/V-(으)/느냐에 따라 다르다)

27. 가 : 이렇게 바쁜데 회의에 꼭 참석해야 해요?

나 : ....

(S-(으)나 S-(으)나)

28. 가 : 이 신문 광고 봤어요? 이 하숙집은 방 값이 아주 싸네요.

나 : ....

(A/V-(으)ㄹ 게 뻔하다)

CD 1 _ track 4

듣 기

I 다음을 듣고 이어질 수 있는 말을 고르십시오. (1–3)

1. ① 언제 하느냐에 따라 달라요.
   ② 제 친구가 많이 아프다고 하더군요.
   ③ 이번 달 들어와서 한 번도 못했어요.
   ④ 제 고향 친구 가운데 2명도 한국어를 배워요.

2. ① 저는 시험이 있으나 없으나 공부해요.
   ② 주말마다 등산을 하곤 해서 힘이 나요.
   ③ 친구한테 공책을 빌린 덕분에 숙제를 했어요.
   ④ 친구들이 제 말을 농담으로 여기고 안 믿어요.

3. ① 비록 재미는 없지만 같이 봤어.
   ② 영화 대신 비디오를 빌려다가 볼 거래.
   ③ 동생한테 표를 예매하라고 시켜야겠어.
   ④ 지난번에도 그랬는데 영화는 괜찮았잖아.

II 다음을 잘 듣고 질문에 답하십시오. (4–5)

4. ① 영양의 보충
   ② 아침 식사하는 방법
   ③ 황제 같은 저녁 식사
   ④ 직장인들의 잘못된 식사 습관

5. ① 김치는 계절에 따라 담그는 방법이 다르다.
   ② 김장 김치는 맵지 않고 짜지 않아야 맛있다.
   ③ 여름에 나는 야채로 담근 김치는 맛이 없다.
   ④ 여름에는 배추가 맛있어서 물김치로 만들어 먹는다.

Ⅲ 다음 내용을 잘 듣고 질문에 답하십시오. (6-8)

6. ①
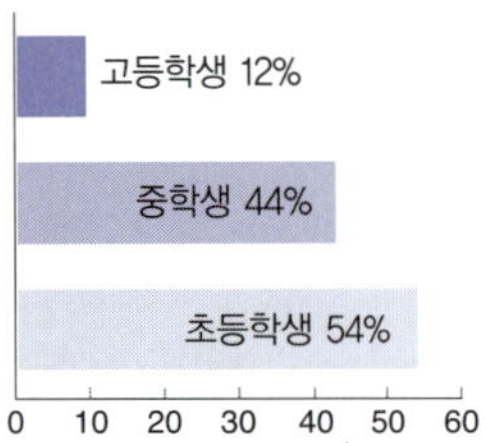

②
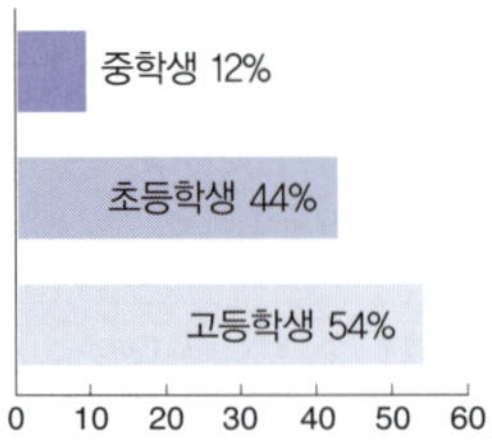

③
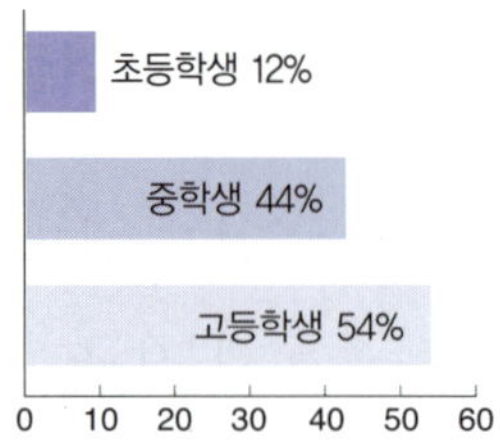

7. ①
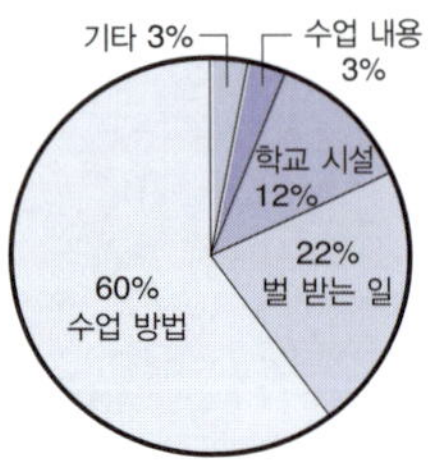

②
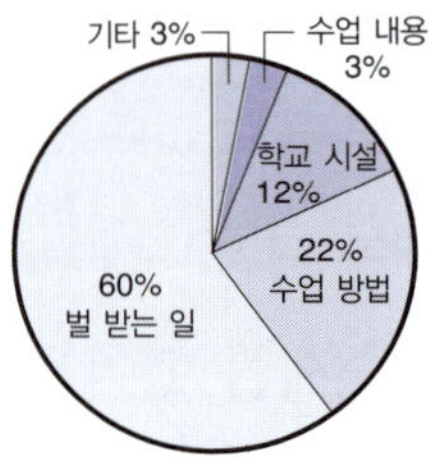

③
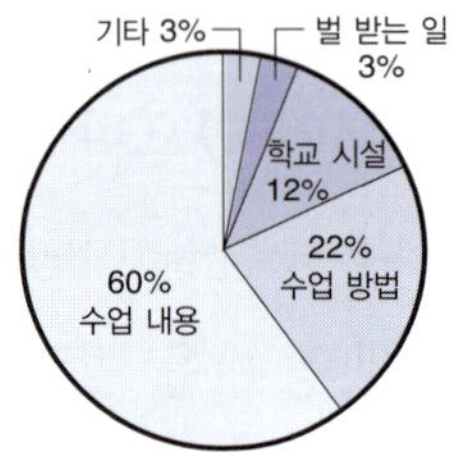

④
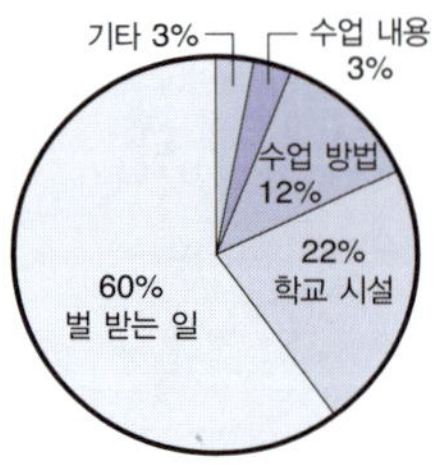

8. ① 초등학생들은 대개 만족하지 못하는 셈이다.
② 학년이 높을수록 학교생활에 만족하지 못한다.
③ 여학생들보다 남학생들이 학교생활에 만족하지 못한다.
④ 학교생활에서 가장 불만이 많은 것은 선생님의 수업 방법이다.

Ⅳ 다음 내용을 잘 듣고 질문에 답하십시오. (9-10)

9. ① 여권은 다시 만들었다.
② 현금은 다행히 찾았다.
③ 비행기 표는 항공사에서 다시 받았다.
④ 수표는 잃어버렸지만 문제가 되지 않았다.

10. ① 고생을 많이 했다.
② 몸이 아파서 힘들었다.
③ 여행이 즐겁지 않았다.
④ 가방을 잃어버려서 큰일 날 뻔했다.

읽기

I 다음 글을 읽고 질문에 대답하십시오. (1-2)

수지와 나는 하숙방을 구하기 위해 부동산에 갔다. 독방을 두 개 구한다고 했더니 아저씨가 왜 친구인데 같은 방을 쓰지 않느냐면서 우리를 이상하게 쳐다봤다. ㉠.................. 준석 씨에게 ① 그 이유를 물었더니 한국 사람들은 친한 친구도 가족처럼 생각하니까 방도 같이 쓸 수 있다고 생각한다고 했다. ㉡.................. 나는 개인의 자유와 사생활을 더 중요하게 여기는 관습 속에서 자랐기 때문에 ② 그런 생각은 이해하기 힘들다. ㉢.................. 한국 사람들은 조금만 친해지면 아주 가까운 사람처럼 대해 주는데, 그렇게 대해 주는 것이 어떨 때는 정말 부담이 된다.

1. ㉠, ㉡, ㉢에 알맞은 말을 순서대로 쓴 것을 고르십시오.
   ① 하지만 – 그래서 – 그리고 ② 그래서 – 그리고 – 하지만
   ③ 그래서 – 하지만 – 그리고 ④ 그리고 – 하지만 – 그래서

2. ①과 ②는 각각 무엇을 의미합니까?
   ① –
   ② –

II 다음 글을 읽고 질문에 대답하십시오. (3-4)

민석 : 이제 대학 입학시험이 한 달㉠.................. 안 남았어. (가)
지영 : '한 달㉡..................'라니? '한 달㉢..................' 남았잖아. (나)
민석 : 한 달 동안 뭘 하겠어? (나)
지영 : 왜 그렇게 생각하니? 한 달 동안에도 충분히 정리할 수 있어. (라)
민석 : 너는 머리도 좋고 열심히 했으니까 잘할 수 있겠지만 나는 안될 게 뻔해.
그냥 포기하고 마음 편하게 지내는 게 좋겠어.

3. ㉠, ㉡, ㉢에 들어갈 말을 차례로 쓰십시오.

㉠ (　　　　　　)　　　　㉡ (　　　　　　)　　　　㉢ (　　　　　　)

4. (가)~(라) 중 다음 글이 들어갈 만한 곳은 어디입니까? (　　　　)

난 아무리 생각해도 재수를 해야 할 것 같아.

Ⅲ 다음 글을 읽고 질문에 대답하십시오. (5-7)

인터넷 영화 예매

요즘은 인터넷으로 영화 표를 예약하는 사람이 적지 않다. 그러나 기껏 인터넷 예약까지 하고 표를 찾았더니 맨 뒷줄이거나 맨 앞자리로 예약이 되어 있어 기분이 상하는 경우가 종종 있다. 대체 어떻게 해야 좋은 자리를 예약할 수 있을까?

'좌석 배정의 비밀'은 극장마다 인터넷이나 ARS 예약 손님을 위해 예약석을 따로 배정하고는 있지만 좌석을 정하는 방식이 다르다는 데 있다.

대부분의 극장이 현장 매매의 경우 좌석 표를 보고 자리를 콕 찍을 수 있도록 하고 있다. 그러나 여기에는 시간과 비용이라는 문제가 따른다. 주말이나 휴일이라면 적어도 6-7시간은 먼저 가야 하는 불편함이 있다.

인터넷 예매의 경우, 시내의 여러 영화관은 예매하는 순간 자리가 배정되므로 무조건 일찍 예매하면 좋은 자리를 배정받을 수 있다. M 영화관의 경우, 적어도 일주일 전에 예약해야 최적의 자리를 잡을 수 있다는 게 관계자의 설명이다. 그러나 C 영화관은 예약자가 영화관에 와서 표를 찾는 순서대로 좌석을 정한다. 예매 시간보다 표를 찾는 시간이 더 중요한 것이다. 이 경우 뒤늦게 예매했어도 표만 일찍 찾으면 된다는 장점과 남보다 빨리 영화관으로 달려가야 한다는 단점이 있다.

그렇다면 영화관에서 '좋은 자리'는 어디일까? 전문가들의 의견에 따르면 우선 시각과 청각을 동시에 만족시켜 줄 수 있는 자리를 기준으로 한다. 극장을 앞에서부터 뒤까지 3등분하여 뒤에서부터 3분의 1이 시작되는 줄부터 가운데 줄까지가 최고의 줄이 되며 나쁜 자리는 물론 맨 앞, 맨, 뒤, 맨 오른쪽, 맨 왼쪽의 좌석이나 그중에서도 오른쪽 끝이 최악이라고 한다.

5. M 영화관과 C 영화관에서 좋은 자리를 잡는 방법을 찾아 쓰십시오.

▶ **그림을 보고 고르십시오.**

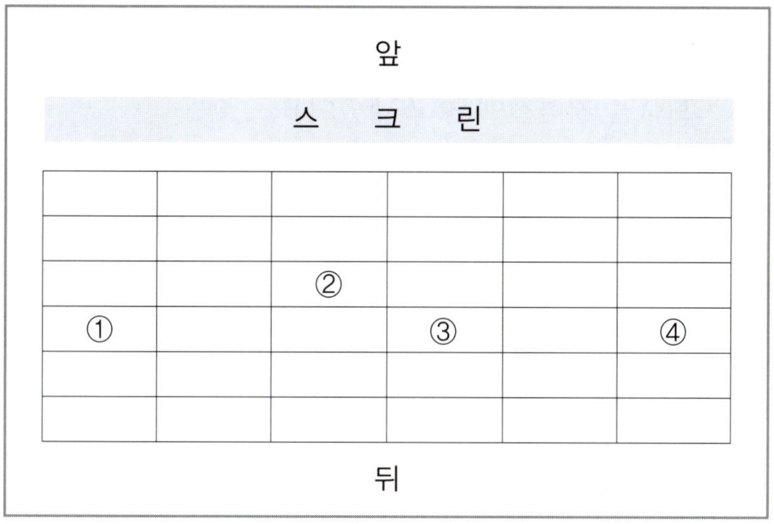

6. 가장 좋은 자리는 어디입니까? (　　　)

7. 가장 나쁜 자리는 어디입니까? (　　　)

한국에서의 경험

I 다음은 한국에서 유학했던 외국인의 경험입니다.

학생　: "선생님, 어제 노트북을 지하철에 놓고 내렸어요."
선생님 : "뭐라고요? 노트북을 놓고 내렸다고요?
　　　　지하철 유실물 센터에 가 봤어요?"
학생　: "아니요. 다시 사면 되지요, 뭐."
선생님 : "아니, 그게 얼만데 다시 사요?"
학생　: "별로 비싸지 않아요. 한 권에 1,000원이면 돼요."
선생님 : "예?"

1. 여러분도 위와 같이 한국에서 말 때문에 실수한 적이 있습니까?

....

....

....

2. 여러분이 한국에 처음 와서 문화나 관습의 차이 때문에 당황하거나 실수한 적이 있습니까?

....

....

....

II 다음의 표현을 이용해서 한국에서의 경험에 대해 써 보십시오.

추억 문화 차이 예절 예의 공통점 차이점 인상 깊다
좋은 인상을 받다 신기하다 흥미롭다 당황하다 그랬더니
이상하게 쳐다보다 V-다 보니(까) V-는 관습[습관, 사고방식]

13과 아빠가 밥을 해 준다고 놀려요

대화 연습

N와/과 달리

1. 가 : ____________ 씨 나라에도 한국처럼 장마가 있어요?

   나 : 우리나라에는 ________________________________

2. 가 : 오늘 아침에도 지하철에 사람이 많았어요?

   나 : 오늘은 ________________________________

3. 가 : ____________ 씨 동생도 ____________ 씨처럼 노래를 좋아해요?

   나 : 제 동생은 ________________________________

4. 가 : 이번에 이사 간 하숙집은 어때요?

   나 : 새 하숙집은 ________________________________

   ____

오히려

1. 가 : 이번에는 열심히 공부했으니까 시험 점수도 좋았겠지요?

   나 : 이번에는 지난번보다 더 열심히 준비했는데 ____________________

2. 가 : 한국어를 배운 지 일 년이 됐으니까 이젠 쉽지요?

   나 : 저도 시간이 지나면 쉬워질 거라고 생각했는데 ____________________

3. 가 : 요즘 운동을 열심히 하니까 건강해졌지요?

   나 : 아니에요. 너무 심하게 해서 ____________________

4. 가 : 요리 학원에 다니는 사람 가운데 여자보다 남자가 많다면서요?

   나 : 네, 요즘은 여자보다 ____________________

그렇다고 A/V-(으)ㄴ/는 것은 아니다

1. 가 : 한국 뉴스를 매일 봐요?
   나 : 네, 매일 보지만 ……………………………………

2. 가 : 청소하는 것을 싫어해요?
   나 : 네, 싫어하지만 ……………………………………

3. 가 : 바빠서 시험공부를 많이 못 했어요?
   나 : 네, 많이 못 했지만 ……………………………………

4. 가 : 오랫동안 그 친구와 못 만났어요?
   나 : 네, 오랫동안 못 만났지만 ……………………………………
   ……………………………………

N만 A/V-아/어도 어딘데(요)

1. 가 : 우리 하숙집은 학교에서 가깝지만 방이 작아요.
   나 : 학교에서 ……………………………………

2. 가 : 생일 선물을 못 사 와서 미안해요.
   나 : 괜찮아요. ……………………………………

3. 가 : 내 방에는 에어컨은 없고 오래된 선풍기가 있어.
   나 : ……………………………………. 내 방에는 선풍기도 없어.

4. 가 : 이번에 받은 장학금이 너무 적어서 등록금의 반밖에 안 돼요.
   나 : ……………………………………. 나는 장학금 받고 싶어도 못 받았는데.

14과 한국어 가르치는 데에 더 몰두하게 돼요

대화 연습

V-는 사이(에)

1. 가 : 엄마, 산타클로스 할아버지는 언제 왔다 가셨어요?
   나 : ______________________________ 왔다 가셨지.

2. 가 : 야, 수업 시간에 어떻게 휴대 전화로 문자를 보냈어?
   나 : ______________________________ 보냈지.

3. 가 : 소포가 언제 왔어요?
   나 : 글쎄, ______________________________ 왔나 봐.

4. 가 : 다이어트한다면서 왜 과자를 먹고 있어?
   나 : 어머, ______________________________ 먹고 있네.

A/V-다/자/냐/라니까

1. 가 : 학생들이 왜 그렇게 좋아했어?
   나 : 선생님이 ______________________________ 학생들이 좋아했어.

2. 가 : 여자 친구와 결혼에 대해 이야기해 봤어?
   나 : ______________________________ 좀 더 시간을 달라고 했어.

3. 가 : 지연 씨는 주말에 뭐 한대?
   나 : ______________________________ 아직 잘 모르겠대.

4. 가 : 동생한테 밥 먹으라고 얘기했어?
   나 : 네, ______________________________ 지금 안 먹는대요.

N에 의해(서)

▶ 다음의 내용을 읽고 위의 문형을 이용하여 문장을 만들어 보십시오.

1.

가을 학기 안내

태권도반을 희망하는 학생들이 많아지고 있으므로 이번 학기부터 태권도반을 새롭게 시작합니다. 또한 수업 후에 이용할 수 있는 운동 시설에 대한 학생들의 요구를 받아들여 1층 휴게실에 탁구대를 마련해 놓았으니 많이 이용하시기 바랍니다.

2.

배치 고사 성적

학생 이름	성적(점)	급
마이클	41	2
수지	76	5
다나카	53	3
스즈키	88	6
줄리	67	4
앙리	20	1

급별 학생 수

급	학생 수	반 수
1급	45	4
2급	27	2
3급	56	5
4급	48	4
5급	37	3
6급	19	2

15과 약도 좋지만 쉬는 게 제일이야

대화 연습

불과 N 만에

1. 가 : 공연 표가 벌써 다 팔렸어요?
   나 : 그럼요. 팔기 시작한 지 ______________________________

2. 가 : 이 책을 읽는 데 시간이 많이 걸렸어요?
   나 : 아니요, ______________________________

3. 가 : 시험이 그렇게 쉬웠다면서요?
   나 : 네, 너무 쉬워서 저도 시험이 시작된 지 ____________________
   ____

4. 가 : 그 친구가 새 카메라를 잃어버렸대요?
   나 : 네, 산 지 ______________________________

일단 A/V-(으)면

1. 가 : 그 노래를 친구들이 좋아할까요?
   나 : ______________________________ 좋아할 거예요.

2. 가 : 열이 다시 오르면 어떻게 할까요?
   나 : ______________________________ 병원에 다시 오세요.

3. 가 : 5분 늦었는데 공연장에 들어갈 수 있을까?
   나 : 글쎄, ______________________________ 들어갈 수 없을 거야.

4. 가 : 준석 씨는 어떤 사람이야?
   나 : ______________________________ 뭐든지 열심히 하는 사람이야.

A/V-다 하더라도

1. 가 : 건강이 안 좋은데도 일을 계속하실 거예요?

   나 : 그럼요. ________________ 일은 계속해야지요.

2. 가 : 그 책을 다시 한 번 읽어 보면 이해할 수 있을 거예요.

   나 : 너무 어려워서 ________________ 이해할 수 없을 것 같아요.

3. 가 : 손님이 없는데 가게 문을 계속 열 거예요?

   나 : ________________ 가게 문은 계속 열어야지요.

4. 가 : 그 일을 오늘 안에 끝낼 수 있어요?

   나 : ________________ 오늘 안에는 끝낼 수 없어요.

A/V-더니만

1. 가 : 지금 날씨가 어때요? 비가 와요?

   나 : ________________ 지금은 비가 많이 오네요.

2. 가 : ________ 씨가 배탈이 났대.

   나 : ________________ 배탈이 났구나.

3. 가 : ________ 씨가 수영 선수가 됐대.

   나 : ________________ 수영 선수가 됐구나.

4. 가 : 저 선수가 오늘은 실수를 많이 하네.

   나 : 그러게 말이야. ________________ 오늘은 잘 못하네.

16과 미리 연락을 하면 달려가 발이 되겠습니다

대화 연습

N에 지나지 않다

1. 가 : 피아니스트가 되려고 그렇게 열심히 연습해요?
   나 : 아니요, 피아노 치는 것은 ______________________________

2. 가 : 아까 그 여자 누구예요? 결혼할 사람이에요?
   나 : 아니요, ______________________________

3. 가 : 아이가 아주 똑똑하다고 하던데 천재예요?
   나 : 천재면 좋겠지만 ______________________________

4. 가 : 우리 회사 사정이 어려워졌다는 것이 사실이에요?
   나 : 아니에요, ______________________________

그리 A/V-지 않다

1. 가 : 호텔이 공항에서 멀어요?
   나 : 아니요, ______________________________

2. 가 : 이 기계의 사용법이 복잡해요?
   나 : 아니요, ______________________________

3. 가 : 부모님께서 그 말을 듣고 많이 놀라셨어요?
   나 : 아니요, 부모님께서 ______________________________

4. 가 : 학생들이 자원 봉사를 많이 하나요?
   나 : 아니요, 자원 봉사를 하는 학생이 ______________________________

A/V-(으)ㄴ/는 듯하다, A/V-(으)ㄹ 듯하다

1. 가 : 생일 파티에 선생님도 오실까요?
   나 : 장소를 물어보시는 걸 보니 ....

2. 가 : 마이클 씨가 합격했어요?
   나 : 표정이 밝은 것을 보니 ....

3. 가 : 언니, 엄마한테 이 옷이 잘 맞을까?
   나 : .... 사 가자.

4. 가 : 우리 어디에선가 만난 적 있지요?
   나 : 글쎄, ... 어디에서 만났을까?

A/V-(으)ㄴ/는 데(에) 반해

▶ **다음의 내용을 읽고 위의 문형을 이용하여 문장을 만들어 보십시오.**

1.

콘도 사용료 안내

	20평	25평	30평	40평
회원	50,000원	60,000원	70,000원	100,000원
비회원	75,000원	90,000원	105,000원	150,000원

....

....

2.

축구 규칙은 여자들이 더 잘 안다

세계의 많은 사람들이 좋아하는 축구에 대한 규칙은 남자들보다 여자들이 더 잘 아는 것으로 나타났다. 이 조사 결과에 의하면 축구 경기에서 이해하기 힘든 규칙의 하나인 '오프사이드(offside)'에 대해 정확하게 이해하고 있는 여성들은 59%였으나 남성들은 55%였다…… 그러나 유니폼을 보고 어느 팀인가를 아는 데는 남성들이 훨씬 앞서는 것으로 나타났다……

17과 설날은 큰 명절 중의 하나예요

대화 연습

N은/는 N 중의 하나이다

1. 가 : '떡국' 이 뭐예요?

   나 : 설날에 ____________________

2. 가 : '추석' 은 어떤 날이에요?

   나 : 한국 ____________________

3. 가 : '부산' 은 어떤 곳이에요?

   나 : 한국에 있는 ____________________

4. 가 : '두루마기' 가 뭐예요?

   나 : ____________________ 지금의 코트와 비슷한 거예요.

N에 N을/를 입다[신다, 쓰다]

1. 가 : 선생님이 누구세요?

   나 : 저기 ____________________ 분이세요.

2. 가 : 이 옷에는 어떤 모자가 어울려요?

   나 : 이 옷에는 ____________________

3. 가 : 오늘 저녁 모임에 어떤 옷을 입고 갈 거예요?

   나 : ____________________ 갈 거예요.

4. 가 : 내일 등산 갈 때 어떻게 하고 가야 할까?

   나 : ____________________ 가면 되지 뭐.

손꼽아 기다리다

1. 가 : 어렸을 때는 무슨 날을 많이 기다렸어요?

   나 : 세뱃돈을 받을 수 있는 ....

2. 가 : 부모님은 어떤 날을 기다리고 계세요?

   나 : 방학이 되어 ....

3. 가 : 회사원들은 무슨 날을 많이 기다려요?

   나 : 물론 ....

4. 가 : 지금 무엇을 기다리고 있어요?

   나 : 유학 간 ....

N에 (가득) 차다

1. 가 : 첫 수업을 시작하는 날 친구들의 표정이 어땠어요?

   나 : 어떤 선생님이 들어오실까 하는 ....

2. 가 : 동생이 불합격했다는 편지를 받고 실망했겠네요.

   나 : 그럼요. ....

3. 가 : 성적표를 받은 학생들의 표정이 어땠어요?

   나 : 생각보다 점수가 좋아서 ....

4. 가 : 교통사고로 아들을 잃은 그분은 요즘 어떻게 지내세요?

   나 : 그날 이후 .... 하루하루를 힘들게 지내고 계신대요.

18과 윷놀이는 아이나 어른 할 것 없이 다 좋아해요

대화 연습

N(이)(나) N(이)(나) 할 것 없이

1. 가 : 이 과자가 그 유명한 과자예요?
   나 : 네, 이 과자는 ______________________

2. 가 : 아침 8시에는 지하철에 사람이 많아요? 버스에 사람이 많아요?
   나 : 그 시간에는 ______________________

3. 가 : 비빔밥을 좋아하는 사람이 많다면서요?
   나 : 네, 요즘 건강에 관심이 많아서 그런지 ______________________
   ____

4. 가 : 요즘은 사람들이 외모에 관심이 많다면서요?
   나 : 네, ______________________ 외모에 관심이 많아요.

V-기에 좋다

1. 가 : 이 전자 사전은 어떤 점이 좋아요?
   나 : 이 전자 사전은 가벼워서 ______________________

2. 가 : 기숙사에 살면 뭐가 좋아요?
   나 : 가까워서 ______________________

3. 가 : 이 책을 아이들에게 읽게 하면 좋을까요?
   나 : 네, 이 책은 그림이 많아서 ______________________

4. 가 : 왜 항상 이 자리에서 공부를 해요?
   나 : 이 자리는 조용해서 ______________________

복습 4

어휘와 문법

I　다음에서 알맞은 단어를 찾아 문장에 맞게 쓰십시오. (1–18)

가능성	경고하다	남녀평등	내놓다	대개	맞벌이	매기다
몰두하다	부럽다	손꼽다	스스로	시무룩하다	오히려	위력
일단	임무	자원하다	저절로	차례	최신	편견	폭	표정

1. 요즘은 남편과 아내가 같이 일하는 (　　　　　) 부부가 늘고 있다.
2. 장난감을 안 사 주었더니 아이가 계속 (　　　　　)게 앉아 있어요.
3. 친구의 얼굴 (　　　　　)을/를 보니 선물이 마음에 든 것 같다.
4. 집안일은 여자만 하는 거라는 (　　　　　)은/는 버려야 한다.
5. 피아노 잘 치는 친구가 (　　　　　)(으)면 너도 열심히 연습해.
6. TV 보는 데에 (　　　　　)다가 밥이 타는 것도 몰랐다.
7. 자동문은 사람이 손으로 문을 열지 않아도 (　　　　　) 열린다.
8. 군인은 나라를 지켜야 할 (　　　　　)이/가 있다.
9. 특별한 일이 없으면 점심은 (　　　　　) 학교 식당에서 먹어요.
10. 이 치마는 (　　　　　)이/가 너무 넓어서 줄여야겠어요.
11. (　　　　　) 이 옷을 입어 보면 어울리는지 안 어울리는지 알 수 있어요.
12. 남이 시켜서 하는 일보다 자기 (　　　　　) 하는 일이 더 효과적이다.
13. 이 휴대 전화는 요즘 유행하는 (　　　　　) 모델이다.

14. 화가 난 사장님은 사원에게 이번에는 용서하지만 다시 같은 실수를 하면 용서하지 않겠다고 (　　　　　).

15. 태풍이 강타한 지역의 피해를 보니 이번 태풍의 (　　　　　)을/를 알 수 있겠네요.

16. 우리나라는 한국과 달리 (　　　　　)는 사람만 군대에 가요.

17. 한국에서는 설날 아침에 조상들께 (　　　　　)을/를 지낸다.

18. 게임이 끝나면 누가 이겼는지 점수를 (　　　　　) 봅시다.

II (　　) 안의 문형을 써서 대답해 보십시오. (19-29)

19. 가 : 어머니가 해 주시는 음식이 제일 맛있지요?
나 : ....
(A/V-고말고(요))

20. 가 : 요즘 그 사람과 잘 안 만나요?
나 : 네, ...
(그렇다고 A/V-(으)ㄴ/는 것은 아니다)

21. 가 : 다른 건 못하고 청소만 도와 드릴게요.
나 : ....
(N만 A/V-아/어도 어딘데(요))

22. 가 : 가방이 없어진 것을 몰랐어요?
나 : ....
(V-는 데(에) 몰두하다)

23. 가 : 식당 주인이 왜 식사비를 안 받았어요?

나 : ....

(A/V-다/자/냐/라니까)

24. 가 : 앞으로의 계획은 어떻게 결정돼요?

나 : ....

(N에 의해(서))

25. 가 : 그 사람 때문에 화가 나서 일을 그만두고 싶어요.

나 : ....

(A/V-다 하더라도)

26. 가 : 지연이가 오늘 왜 학교에 결석했어?

나 : ....

(A/V-더니만)

27. 가 : 부산까지 비행기로 가는 게 좋겠죠?

나 : ....

(A/V-(으)ㄴ/는 데(에) 반해)

28. 가 : 민영 씨는 정말 대단한 일을 했네요.

나 : ....

(N에 지나지 않다)

29. 가 : 그 사람이 이 일에 대해 알고 있어요?

나 : ....

(A/V-(으)ㄴ/는 듯하다)

CD 1 _ track 5

듣기

I 다음 대화를 듣고 이어질 수 있는 말을 고르십시오. (1–3)

1. ① 식구들이 모두 늦게 들어오고말고요.
   ② 주말과 달리 평일은 식당이 복잡해서요.
   ③ 밖에서 식사하는 사람들이 너무 부러워요.
   ④ 평일은 그러는 데 반해 주말에는 꼭 집에서 먹어요.

2. ① 영어 시험 결과에 의해 정해진내요.
   ② 떠난 지 불과 한 달 만에 돌아왔어요.
   ③ 간다고 좋아하더니만 무슨 일이 있나?
   ④ 무슨 얘기예요? 유학만 가도 어딘데요.

3. ① 일찍 출발했는데 오히려 늦었어요.
   ② 내가 자는 사이에 다 출발했나 봐요.
   ③ 글쎄요. 지금 출발하지 않으면 늦을 것 같은데.
   ④ 아닌 게 아니라 제시간에 도착하지는 못할 거예요.

II 다음을 잘 듣고 질문에 답하십시오. (4–5)

4. ① 물과 휴대 전화
   ② 휴대 전화의 수리 방법
   ③ 휴대 전화 사용 시 주의할 점
   ④ 자동차에서 휴대 전화 사용하는 법

5. ① 남자는 아침형 인간이 되려고 노력하고 있다.
   ② 남자는 아침에 일찍 일어나는 아침형 인간이다.
   ③ 아침형 인간은 아침 시간을 잘 활용하는 사람을 말한다.
   ④ 여자는 아침형 인간에 대해 부정적인 생각을 가지고 있다.

III 다음 내용을 잘 듣고 질문에 답하십시오. (6-7)

6. ① 미연이는 마름모 연을 만들고 있다.
② 마이클은 연날리기를 해 본 적이 없다.
③ 바람 부는 날은 연에 꼬리가 없으면 멋있다.
④ 미연이와 마이클은 연날리기를 하러 한강에 갈 것이다.

7. ① 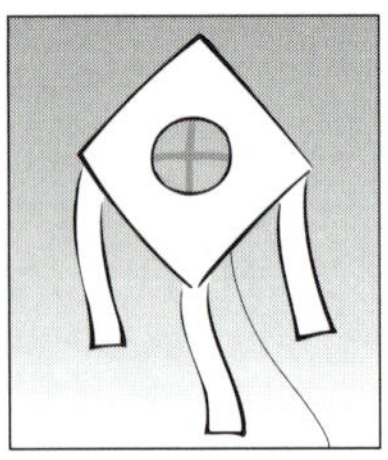 ② 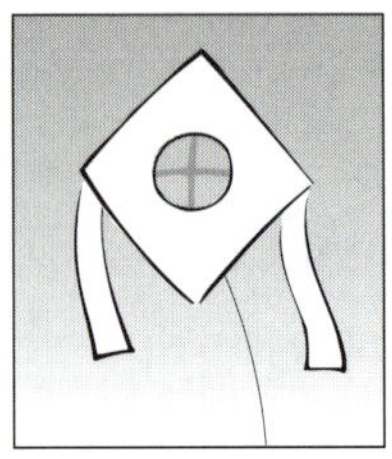 ③ 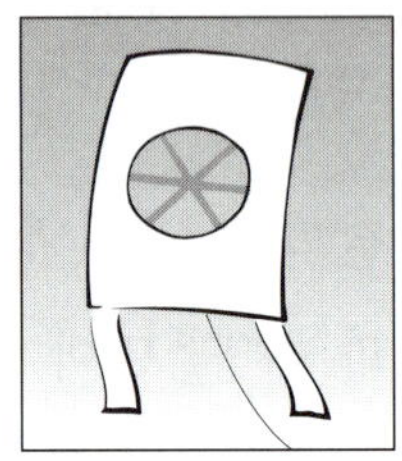 ④ 

IV 다음 내용을 잘 듣고 질문에 답하십시오. (8-9)

8. ① 팔다리가 아프다.
② 코가 막히고 기침이 난다.
③ 머리가 아프고 열이 난다.
④ 목이 아프고 목소리가 변했다.

9. ① 여자는 오늘 일찍 집에 가려고 한다.
② 여자는 충분히 쉬지 못해서 감기에 걸렸다.
③ 남자는 여자에게 병원보다 쉬는 게 낫다고 했다.
④ 남자는 앞으로 여자의 일을 모두 대신 할 것이다.

V 다음 내용을 잘 듣고 빈칸에 알맞은 말을 쓰십시오. (10)

10. 많은 여성들이 (　　　　　)인 직업을 가진 공무원과 결혼하기를 원하고, 결혼은 꼭 해야 하는 것이 아니라 (　　　　　)하는 것이라고 생각한다.

읽 기

I 다음 글을 읽고 질문에 대답하십시오. (1–2)

'미리 외출 시간을 연락해 주면 달려가 발이 되겠습니다.'

(가) 이것은 택시 광고가 아니다. (나) 순수한 시민 단체인 이 모임은 혼자만의 힘으로는 전혀 외출할 수 없는 장애인들에게 운전기사의 역할을 하고 있다. (다) 이 모임이 알려지면서 봉사받고 싶어하는 장애인의 수는 늘어나고 있는 데 반해 봉사를 자원하는 사람들은 ㉠ 이에 크게 미치지 못하고 있다. (라)

1. 다음 문장이 들어갈 알맞은 자리는 어디입니까?

장애인들의 외출을 도와주는 한 자원 봉사 단체의 광고 문구이다.

① (가) ② (나) ③ (다) ④ (라)

2. ㉠의 '이'는 무엇입니까?

II 다음 글을 읽고 질문에 대답하십시오. (3–4)

정석아, 비록 깊은 밤 잠깐이지만 네 목소리를 듣고 나니 힘이 되는구나. 네가 모국에서 모국어를 알기 위해 열심히 노력하고 있고 아르바이트도 열심히 한다니 감기 정도에 힘들어하는 엄마가 ㉠ .... 부끄러워진다.

네가 캐나다에 오는 것이 6개월 늦어지더라도 네 선택을 존중하고 싶다. 그리고 엄마는 너를 끝까지 믿는다. 네가 한국에서 '시'까지 배우게 될 줄 정말 몰랐다. 이제 내 시를 어느 만큼은 읽어 주고 이해해 줄 아들이 있다니 생각만 해도 너무 기쁘고 흥분되는구나. 너에게 읽히기 위해서라도 더 열심히 시를 써야겠다는 생각이다. 여기 엄마의 시 3편을 보낸다. 받고 난 후 답장 부탁한다.

3. ㉠에 알맞은 말을 고르십시오.

① 역시 ② 일단 ③ 오히려 ④ 좀처럼

4. 위의 내용과 같은 것을 고르십시오.

① 아들은 어머니에게 시를 보냈다.

② 아들은 캐나다에서 한국어를 공부하고 있다.

③ 어머니는 아들을 만날 생각에 흥분이 되었다.

④ 어머니는 아들이 자신의 시를 읽게 되어 기뻐하고 있다.

III 다음 글을 읽고 질문에 대답하십시오. (5-7)

색깔 마케팅

(가) 이달 초 어느 연구소가 제품과 소비자 기호에 대해 20·30대 직장인 221명을 대상으로 조사한 바에 따르면, 전체 응답자의 92.6%가 제품 구입 시 시각적인 요소를 가장 중요하게 생각한다고 답했고, 84.7%는 시각적 요소 중에서도 색깔이 가장 중요하다고 응답했다.

(나) 최초로 색깔을 마케팅에 이용한 경우는 1920년 미국의 어느 만년필 회사였다. 당시에 만년필은 검은색과 갈색이 전부였는데 만년필에 단지 색깔만 빨강으로 바꿔 여성용 만년필을 유행시켰다. 초콜릿 회사도 초콜릿에 빨강·노랑·초록 색깔을 입힌 것만으로 매출액을 세 배 이상 늘렸다. 어느 사진기용 필름 제조 회사는 회사의 이미지 색깔을 노란색으로 해서 주의를 끌고 소비자들에게 따뜻하고 즐거운 느낌을 준 덕분에 매출을 올릴 수 있었다.

(다) 음식에도 '색깔 마케팅'이 적용된다. 무더운 여름에는 녹색이나 파란색 제품들이 눈길을 끈다. 어느 음료수 회사의 제품은 오직 파란색과 흰색 글씨만으로 쓰여 시원한 느낌, 갈증을 없애 주는 차가운 음료라는 이미지를 심어 주는 데 성공한 예이다.

(라) 색은 설명을 필요로 하지 않는다. 색은 글보다 빠르고 말보다 빠르다. 요즘처럼 시각적 이미지를 중요시하는 시대에는 색깔이 무엇보다 중요하다. 기업들의 색깔 마케팅이 당분간 계속될 수밖에 없는 이유도 바로 여기에 있다.

5. 윗글에서 가장 중요한 문장(주제문)이 있는 것을 고르십시오.

① (가) ② (나)

③ (다) ④ (라)

6. 윗글의 내용과 <u>다른 것</u>은 무엇입니까?

① 여름에는 노란색 제품이 눈길을 끈다.

② 초콜릿에 색깔을 입힌 후 더 많이 팔렸다.

③ 요즘 젊은이들은 물건을 고를 때 색을 중요시한다.

④ 최초로 색깔 마케팅을 생각한 회사는 미국의 만년필 회사이다.

7. 다음은 색깔 마케팅에 대한 설명입니다. ____________ 에 알맞은 말을 써넣으십시오.

색깔의 .... 이미지를 이용하여 .... 을/를 올리는 것이다.

쓰 기

남녀평등

1 다음은 어느 주부가 자신의 고민거리에 대해 상담하기 위해 보낸 이메일입니다.

안녕하세요? 저는 4살 된 딸과 10개월 된 아들이 있는 주부입니다. 남편과 저는 같은 회사에서 근무하고 있는데, 남편은 뒤늦게 야간 대학원에서 공부를 시작했습니다. 그리고 집에는 몸이 불편하신 친정어머니가 계십니다. 사실 전에는 집안 살림을 어머니께서 거의 다 해 주셔서 지금처럼 힘들지는 않았습니다. 그런데 요즘은 너무 힘이 듭니다.

우선 회사 일을 마치고 집에 돌아와도 쉴 수가 없습니다. 아이들도 돌봐야 하고, 집안 청소, 설거지, 빨래, 거기에 어머니 병간호까지 집안일이 끝이 없습니다. 남편은 공부해야 한다면서 집안일을 도와줄 시간이 없다고 합니다.

회사를 그만둘 생각도 해 봤지만 제 일을 좋아하는 데다가 남편의 월급만으로 생활하기는 어려울 것 같습니다. 게다가 요즘 회사 사정이 좋지 않아 직원을 줄일 거라는 소문을 들어서 너무 불안합니다. 저는 앞으로 어떻게 해야 할까요?

1. 이 가족의 경우 집안일을 어떻게 하면 좋겠습니까?

2. 아내와 남편이 할 수 있는 일은 무엇인지 써 보십시오.

	할 수 있는 일
아내	
남편	

II 여러분이 카운슬러(counselor)가 되어 이 여자의 고민에 대해 상담하는 글을 다음의 표현을 이용하여 써 보십시오.

직장	맞벌이	편견	남녀평등	지배적	오히려	N와/과 달리

그렇다고 A/V-(으)ㄴ/는 것은 아니다 N만 A/V-아/어도 어딘데(요)

A/V-다 하더라도 A/V-(으)ㄴ/는 데(에) 반해 그리 A/V-지 않다

19과 마음만 먹으면 생명을 구할 수 있어요

대화 연습

A/V-기는커녕, N은/는커녕

1. 가 : 주말에 잘 쉬었어요?

   나 : .... 감기에 걸려서 누워만 있었어요.

2. 가 : 맞벌이를 하니까 저금을 많이 하지요?

   나 : .... 돈이 항상 모자라요.

3. 가 : .... 씨는 술을 끊었지요?

   나 : .... 전보다 더 마셔요.

4. 가 : 내일 공부할 내용 예습했어요?

   나 : .... 아직 숙제도 못 했어요.

V-(으)ㄹ 수조차 없다, V-기조차, N조차

1. 가 : 시험에 또 떨어졌어요?

   나 : 네, 너무 슬퍼서 ....

2. 가 : 많이 피곤하지요?

   나 : 네, 너무 피곤해서 ....

3. 가 : 요즘 바빠요?

   나 : 네, 요즘 너무 바빠서 ....

4. 가 : 그때 많이 놀랐지요?

   나 : 네, 그때 너무 놀라서 ....

V-는 한

1. 가 : 수술을 하지 않으면 이 병을 고칠 수 없나요?
   나 : 네, ... 고칠 수 없어요.

2. 가 : 그분과 언제든지 만날 수 있어요?
   나 : 아니요, ... 만날 수 없어요.

3. 가 : 이 약은 의사의 처방 없이 약국에서 살 수 있어요?
   나 : 아니요, ... 살 수 없어요.

4. 가 : 회원으로 가입하지 않아도 인터넷을 사용할 수 있을까요?
   나 : 아니요, ... 사용할 수 없어요.

A/V-(으)리라(고) 생각하다[믿다, 짐작하다]

▶ **다음의 밑줄 친 부분을 위의 문형을 이용하여 바꿔 보십시오.**

1.

기자 : ....

의사 : ....

2.

감독님, 작년에는 아깝게
지셨는데 이번 시합은
우승할 거라고 보십니까?
네, 우승이 쉽지는 않겠지만
많은 연습을 했으니까 좋은
결과가 있을 거라고 생각합니다.

기자 : ....

야구 감독 : ....

20과 누가 한잔 사겠다고 안 하나?

대화 연습

기다렸다는 듯이

1. 가 : 준석이가 네 차를 샀다면서?
   나 : 응, 내가 자동차를 팔겠다고 하자 __________

2. 가 : 마이클 씨가 노래 부르는 것을 아주 좋아하지요?
   나 : 네, 마이클 씨는 노래를 시키면 __________

3. 가 : 구두쇠 민수가 한턱냈다면서?
   나 : 응, 민수가 취직을 하자 __________

4. 가 : 집에 간다고 하더니 왜 아직도 안 갔어?
   나 : 친구가 나를 보자 __________

주거니 받거니 하다

1. 가 : 어제 왜 집에 늦게 들어갔어요?
   나 : 오랜만에 친구를 만나서 __________ 늦게 들어갔어요.

2. 가 : 무엇을 하면서 밤을 새웠어요?
   나 : 고등학교 친구와 __________ 밤을 새웠어요.

3. 가 : 고향 친구와 어떻게 연락해요?
   나 : 서로 __________

4. 가 : 보통 때는 말하기 연습을 어떻게 해요?
   나 : __________ 연습해요.

V-(으)ㄴ 채(로)

1. 가 : 집에 왜 못 들어가고 있어요?

   나 : ______________________ 나와서 그래요.

2. 가 : 왜 학교에 다시 가야 돼요?

   나 : 숙제를 해야 하는데 ______________________ 왔거든요.

3. 가 : 이 콜라가 왜 이렇게 맛이 없어?

   나 : ______________________ 두어서 그래.

4. 가 : 한국 문화에 익숙하지 않아서 실수한 적이 있어요?

   나 : 네, ______________________ 집 안에 들어간 적이 있어요.

21과 어느 쪽이든 일장일단이 있을 거야

대화 연습

N도 마, V-지도 마

1. 가 : 이번에도 일등 했지?

   나 : ………………………………. 이번에는 시험이 어려워서 일등 못 했어.

2. 가 : 미팅 어땠어? 재미있었어?

   나 : ………………………………. 너무 재미없어서 일찍 집에 갔어.

3. 가 : 돈이 좀 모자라는데 깎아 달라고 해 볼까?

   나 : ………………………………. 안 깎아 줄 거야.

4. 가 : 여자 친구에게 숙제를 대신 해 달라고 할까?

   나 : ………………………………. 너에게 도움이 안 돼.

V-아/어 대다

1. 가 : 그 친구가 왜 입원했대?

   나 : ………………………………… 건강이 안 좋아져서 입원했대.

2. 가 : 옆집 아기가 밤마다 운다면서요?

   나 : 네, ………………………………… 잠을 못 잘 정도예요.

3. 가 : 어머니가 왜 동생에게 휴대 전화를 못 쓰게 하세요?

   나 : 동생이 휴대 전화로 …………………………………

4. 가 : 아이가 왜 울고 있어요?

   나 : 친구들이 …………………………………

V-는 바람에

1. 가 : 어제 기다린다고 하더니 왜 먼저 갔어요?
   나 : .... 빨리 가야 했어요.

2. 가 : 그동안 저금한 돈을 어디에 다 썼어?
   나 : .... 새로 사느라고.

3. 가 : 왜 선물만 사고 꽃은 안 사 왔어?
   나 : .... 돈이 모자랐어.

4. 가 : 휴대 전화가 왜 잘 안돼?
   나 : .... 상태가 좀 이상해졌어.

당연히 A/V, A/V-(으)ㄴ/는 것은 당연하다

1. 가 : 그 친구는 왜 여자들에게 인기가 많을까?
   나 : 성격도 좋고 잘생겼으니까 ....

2. 가 : 너 요즘 몸이 좋아진 것 같은데?
   나 : 매일 운동을 하니 ....

3. 가 : 새 기계가 벌써 고장이 났어요.
   나 : 함부로 써 대니까 ....

4. 가 : 아침에 피곤해서 일어나기가 힘들었어요.
   나 : 어제 늦게 잤으니까 ....

22과 하고 있는 일이 적성에 안 맞아?

대화 연습

A/V-아/어 봤자

1. 가 : 네가 이 일을 다 하겠다고? 시간이 꽤 걸릴 텐데.
   나 : .... 얼마나 걸리겠어?

2. 가 : 동생이 케이크를 다 먹어 버리면 어떡하지?
   나 : .... 얼마나 먹겠어?

3. 가 : 사장님께 월급 좀 올려 달라고 말해 볼까요?
   니 : .... 소용없이요.

4. 가 : 내일 일본에 가야 하는데 여행사에 비행기 좌석이 있나 전화해 볼까?
   나 : .... 남은 좌석이 없어서 예약할 수 없을 거야.

N(에) 못지않게

1. 가 : 언니도 피아노를 잘 치더니 동생도 잘 치나 봐요.
   나 : 네, ... 피아노를 잘 쳐요.

2. 가 : 아직 5월인데도 상당히 덥네요.
   나 : 그러게 말이에요. .... 덥네요.

3. 가 : 베이징도 교통이 복잡한가요?
   나 : 네, ... 복잡해요.

4. 가 : 유코 씨는 외국 사람인데도 한국 요리를 못하는 게 없다지요?
   나 : 네, ... 한국 요리를 잘한대요.

대화 연습

N에 불과하다

1. 가 : 이렇게 예쁜 지갑을 선물로 주셔서 고마워요. 비싼 것 같은데…….
   나 : .... 부담 갖지 마세요.

2. 가 : .... 씨는 고장 난 컴퓨터도 쉽게 고치는 걸 보니 컴퓨터가 전공인가 봐요.
   나 : 이 정도는 누구나 ....

3. 가 : 떡볶이 일 인분으로 저녁이 되겠어요?
   나 : 안 되죠. ....

4. 가 : 시험에 떨어지는 꿈을 꿨어. 그래서 오늘 시험 망칠 것 같아.
   나 : .... 걱정하지 마.

N(으)로 인해(서)

▶ **다음을 읽고 위의 문형을 이용하여 문장을 만들어 보십시오.**

1.

오늘의 사건, 사고

어젯밤 11시경 강원도 양양군에 산불이 발생했다. 불길은 초기에 잡힐 수도 있었으나 갑자기 불어 닥친 강한 바람 때문에 큰불로 번진 것으로 보인다. 이 산불로 농가 수십 채가 탔으나 인명 피해는 없었다.

....

....

2.

오늘의 사건, 사고

어제 오후 지방의 한 백화점에서 에스컬레이터가 갑자기 서서 타고 있던 노인 한 명과 어린이 한 명이 다치는 사고가 있었다. 사고 조사 결과 에스컬레이터에 승객이 버린 것으로 보이는 작은 막대기가 끼어 있었던 것으로 밝혀졌다.

....

....

복습 5

어휘와 문법

I 다음에서 알맞은 단어를 찾아 문장에 맞게 쓰십시오. (1-18)

구하다	그만하다	근무	동료	뒷전	떠돌다	뛰어나다	망치다
매력적이다	믿음직하다	받치다	분야	삼키다	삽시간에	생기	
신경 쓰다	실수하다	연속	원만하다	음주	직장인	투표	향하다

1. 제 동생의 생명을 ( ) 주신 119 아저씨들께 감사의 말씀을 드립니다.
2. 책을 ( )별로 다시 정리하니까 찾기 편하네요.
3. 산불이 ( ) 번져서 불을 끄기가 힘들었다고 한다.
4. 나는 어렸을 때 동전을 ( )서 병원에 간 적이 있대요.
5. 거의 죽어 가던 꽃에 물을 주었더니 ( )을/를 찾게 되었다.
6. 회사에 들어온 것이 엊그제 같은데 ( )이/가 된 지 벌써 10년이 되었다.
7. 한 번도 빠지지 않고 ( ) 여섯 번 개근상을 받기는 쉽지 않은데 대단하네요.
8. 김 과장은 대인 관계가 ( )지 않아서 회사를 그만두게 되었다.
9. 처음 하는 일이니까 ( )도 괜찮아. 다시 한번 해 봐.
10. 나무가 쓰러지지 않게 막대기로 ( ) 놓았다.
11. 이렇게 해서는 대표자를 정할 수 없으니까 모두 모여서 ( )(으)로 결정합시다.
12. 모차르트는 어려서부터 음악에 ( ) 재능이 있었다고 한다.
13. 설탕 대신 소금을 넣는 바람에 요리를 ( ).
14. ( )(으)면 충분하니까 술은 더 사지 마세요.

15. 멋도 좋지만 너무 운동복에 (   )지 말고 운동에 (   )라.

16. 입이 가볍고 (   )지 않은 사람은 싫어.

17. 그는 누가 보아도 웃는 모습이 (   ).

18. 여러 나라 사람과 같이하는 술자리에서는 각국의 다양한 (   ) 문화를 배울 수 있다.

II ( ) 안의 문형을 써서 대답해 보십시오. (19-29)

19. 가 : 지난번에 소개받은 여자와 자주 만나요?
나 : ....
(A/V-기는커녕)

20. 가 : 피곤하면 좀 쉬세요.
나 : ....
(V-(으)ㄹ 수조차 없다)

21. 가 : 사랑만 있으면 행복하게 살 수 있을까요?
나 : ....
(A/V-(으)리라(고) 생각하다[믿다, 짐작하다])

22. 가 : 왜 어머니가 화를 내셨어요?
나 : ....
(V-(으)ㄴ 채(로))

23. 가 : 마이클에게 돈 좀 빌려 달라고 해야겠어.
나 : ....
(N도 마)

24. 가 : 지연 씨가 입이 가벼워요?

나 : ....

(V-기가 무섭게)

25. 가 : 왜 그렇게 기분이 나빠요?

나 : ....

(V-는 바람에)

26. 가 : 요즘은 학교에 학생들이 별로 없네요.

나 : ....

(A/V-(으)ㄴ/는 것이 당연하다)

27. 가 : 바바라 씨가 왜 입원했어요?

나 : ....

(N(으)로 인해(서))

28. 가 : 남자 친구가 부탁을 안 들어주면 울어 볼까?

나 : ....

(A/V-아/어 봤자)

29. 가 : 지연 씨가 그렇게 노래를 잘한다면서요?

나 : ....

(N(에) 못지않게)

CD1 _ track 6

듣 기

I 다음을 듣고 이어질 수 있는 말을 고르십시오. (1-3)

1. ① 마지못해 만나는 것 같았어요.
   ② 장소가 바뀌는 바람에 늦었대요.
   ③ 성격 못지않게 외모도 중요하니까요.
   ④ 자주 소개를 받노라면 좋은 소식이 있을 거예요.

2. ① 공부는 고사하고 놀기만 했이요.
   ② 공부에 신경을 쓸 수조차 없어요.
   ③ 나도 마음만 먹으면 공부 잘할 수 있어요.
   ④ 이제 와서 후회해 봤자 무슨 소용이 있겠어요?

3. ① 그냥 보통 감기에 불과하지요.
   ② 에어컨을 켠 채로 잠이 들었거든요.
   ③ 감기에 걸리는 바람에 많이 아팠어요.
   ④ 감기가 낫지 않는 한 학교에 갈 수 없어요.

II 다음을 잘 듣고 질문에 답하십시오. (4-5)

4. ① 잠을 못 자는 원인
   ② 생활이 피곤한 이유
   ③ 음료수와 목욕의 관계
   ④ 불면증을 해결하는 방법

5. ① 지언이는 내일 아침 5시에 자원 봉사를 한다.
   ② 영수는 자원 봉사는 뒷전이고 등산 갈 생각만 한다.
   ③ 이제는 아이들이 자원 봉사자를 긍정적으로 대한다.
   ④ 지금은 아이들이 지연이에게 문조차 열어 주지 않고 있다.

Ⅲ 다음 내용을 잘 듣고 질문에 맞는 번호를 쓰십시오. (6-7)

6. (   )

7. (   ) - (   ) - (   ) - (   )

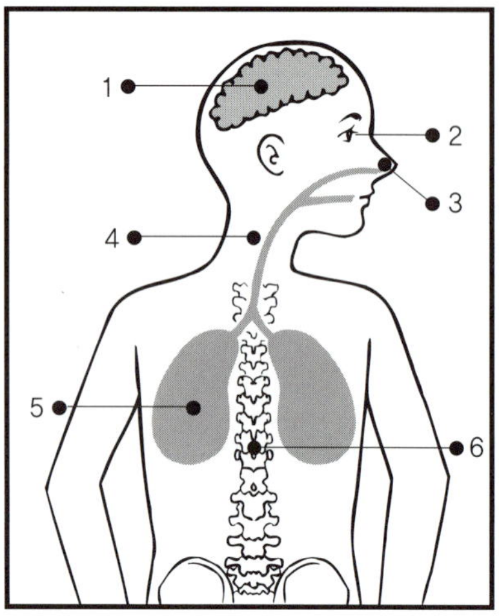

Ⅳ 다음 내용을 잘 듣고 질문에 답하십시오. (8-9)

8. ① 요즘 한국 사람들은 몇 년 전보다 술을 더 마신다.
   ② 요즘도 술자리 문화는 그리 많이 달라지지 않았다.
   ③ 요즘은 한국 사람들이 일보다 술자리를 중요하게 여긴다.
   ④ 과거에는 술을 좋아하지 않아도 마셔야 하는 경우도 있었다.

9. ① 여자가 술을 좋아하지 않아서
   ② 요즘 사람들이 건강에 신경을 쓰지 않아서
   ③ 술자리에 참석할 기회가 많지 않을 것 같아서
   ④ 사람들이 일 못지않게 술자리를 중요하게 여겨서

Ⅴ 다음 내용을 잘 듣고 빈칸에 알맞은 말을 쓰십시오. (10)

10. 지영이는 여자들이 (   )한 철수를 좋아하는 것은 (   )고 생각한다.

읽기

I 다음 글을 읽고 질문에 대답하십시오. (1-3)

지영 : 고등학교에 다니는 동생이 있는데 다음 주에 학교에서 인기투표를 한다고 ㉠ 얼마나 신경을 쓰는지 몰라.

은주 : 요즘 갑자기 멋을 내고 친구들에게 전화도 많이 하고 그러지?

지영 : 말도 마. 학교에서 돌아오기가 무섭게 전화를 걸어 대는 바람에 오후에는 전화 쓸 생각도 말아야 해.

은주 : 이해해 줘야지. 우리도 옛날에 그랬잖아.

지영 : 그래도 공부는 뒷전이고 너무 그런 데만 신경 쓰는 것 같아. 내가 동생한테 ㉡ 똑똑하고 공부도 잘하니까 당연히 일등 할 거라고 했더니 ㉢ 꼭 그런 것만은 아니라고 하더라.

1. ㉠은 누가, 무엇 때문에, 어떻게 신경을 쓴다는 뜻입니까?
   ① 누가 :
   ② 왜 :
   ③ 어떻게 :

2. ㉡은 누가 '똑똑하고 공부도 잘한다' 는 뜻입니까? (   )

3. ㉢은 무슨 뜻입니까?
   ① 공부가 뒷전인 것은 아니다.
   ② 공부를 잘하는 것은 아니다.
   ③ 너무 신경을 많이 쓰는 것은 아니다.
   ④ 인기투표에서 일등 하는 것은 아니다.

II 다음 글을 읽고 질문에 대답하십시오. (4)

작년에 발생한 전체 범죄 1,712,233건 중 22.5%인 385,192건이 수요일에 발생, 일주일 중 가장 범죄 위험도가 높은 요일은 수요일인 것으로 나타났다. 이에 반해 일요일은 153,977건(9%)의 범죄만 발생, 가장 안전한 요일로 밝혀졌다. 경찰의 발표에 의하면, 작년 범죄 발생 수는 수-월-화-금-목-토-일 순으로 많았다고 한다. 월별로는 9월의 범죄 발생 수가 166,034건(9.7%)으로 가장 많았고, 1월은 110,554건(6.4%)으로 가장 적었다.

4. 윗글의 내용과 같은 것은 무엇입니까?
① 주말에는 범죄가 증가한다.
② 월별로는 9월이 가장 안전하다.
③ 범죄 발생과 요일은 관계가 없다.
④ 전체 범죄 중 수요일에 일어난 것은 1/4에 가깝다.

Ⅲ 다음 글을 읽고 질문에 대답하십시오. (5-7)

자전거 도시

지난 8일 자전거 축제가 열리고 있던 경상북도 상주를 방문했다. 상주는 지난 1999년 자전거 축제를 시작하여 매년 행사를 해 오고 있다. 상주가 이처럼 자전거 도시가 된 것은 무엇보다 지리적 특성 때문이다. 상주시는 시 전체가 평평한 형태로 자전거 타기에 아주 좋다. 또 옛날부터 쌀이 많이 생산되어 부자가 많아서 값비싼 자전거를 가진 사람이 많았다고 한다. 참고로 당시는 쌀 한 가마(80kg)에 3원이었는데 자전거는 한 대에 30원이었다고 한다.

상주가 자전거 도시라는 사실은 시내에서 10분만 서 있으면 금세 알 수 있다. 100m마다 설치된 자전거 보관대는 주차된 자전거들로 가득하다. 교복을 입은 채 2인승 자전거를 타고 다니는 여학생들의 모습도 쉽게 찾아볼 수 있다. 상주시에서는 대부분의 아이들이 걷기 시작하면서 세발자전거를, 5세부터는 두발 자전거를 배운다고 한다.

한편 상주에는 자전거 때문에 생긴, 다른 지역에선 찾아볼 수 없는 것들이 있다. 우선 시청에는 '자전거 문화계'라는 부서가 있다. 자전거 축제는 물론, 자전거 도로의 유지와 보수 등 자전거 관련 업무를 맡는 곳이다. 초·중·고생을 대상으로 한 자전거 운전면허 시험도 있다. 또 국내 유일의 자전거 박물관도 있다. 자전거 축제에 대해 알아보면서 상주가 공기가 맑고 물이 깨끗한 이유를 다시 한 번 알 수 있었다.

5. 상주가 자전거 도시가 된 이유를 쓰십시오.

6. 윗글에서 자전거의 종류를 찾아 쓰십시오.

7. 자전거로 인해 생긴 상주만의 특징을 세 가지 이상 쓰십시오.

I 다음은 혼자 생활하는 노인들에 대한 뉴스입니다.

혼자 생활하는 노인들을 도와줍시다

요즘 가족이 없이 혼자 생활하는 노인들이 늘어나고 있습니다. 이분들은 돈을 벌 수 없기 때문에 생활비도 부족한 데다가 건강이 좋지 않아도 병원에 가지 못하는 경우도 많습니다. 그리고 가족도 없고 찾아오는 사람도 없어서 항상 외로움을 느낀다고 합니다.

이분들을 돕는 자원 봉사자들이 있지만 도움이 필요한 노인들의 수에 비해 많이 부족합니다. 이분들이 생활을 잘할 수 있으려면 여러 가지 도움이 필요합니다. 여러분의 주변에서 도움을 필요로 하는 노인들이 계시는지 살펴보시기 바랍니다.

1. 혼자 생활하는 노인들에게 어떤 어려움이 있습니까?

....

....

2. 혼자 생활하는 노인들을 돕기 위한 방법은 무엇이 있습니까?

....

....

....

....

....

11 여러분이 혼자 생활하는 노인들을 돕는 자원 봉사 단체에서 일하고 있는 사람이라면 다른 사람들에게 어떤 일을 도와 달라고 부탁하겠습니까? 다음의 표현을 이용하여 다른 사람들에게 도움을 청하는 편지를 써 보십시오.

마음만 먹으면	A/V-기는커녕	N은/는커녕	V-(으)ㄹ 수조차 없다
V-기조차	N조차	A/V-(으)리라(고) 생각하다[믿다, 짐작하다]	
N은/는 고사하고	V-는 한	당연히 A/V	
A/V-(으)ㄴ/는 것은 당연하다	N(으)로 인해(서)	N에 불과하다	

23과 인터넷은 정말 편리하구나

대화 연습

A/V-(으)ㄹ지 A/V-(으)ㄹ지

1. 가 : 고향에서 친구가 언제 와요?
   나 : 글쎄요. ________________________ 잘 모르겠네요.

2. 가 : 월급 받으면 뭐 할 거예요?
   나 : ________________________ 생각 중이에요.

3. 가 : 환자에게 상태가 어떤지 알리는 게 좋을까요?
   나 : 글쎄요. ________________________ 걱정이에요.

4. 가 : 손님이 몇 명 와요? 이 정도면 음식은 충분하겠지요?
   나 : 글쎄요. ________________________ 지금으로서는 잘 모르겠어요.

N을/를 V-는 데 이용하다, N을/를 N에 이용하다[N에 N을/를 이용하다]

1. 가 : 운동화 빤다면서 왜 칫솔을 찾아?
   나 : 칫솔을 ________________________ 깨끗하게 빨 수 있거든.

2. 가 : 유리창을 닦는 게 너무 힘들어요. 쉽게 닦는 방법 없을까요?
   나 : 신문지를 ________________________ 보세요.

3. 가 : 요즘 피부가 안 좋아져서 걱정이에요.
   나 : 걱정 마세요. 오이를 ________________________ 피부가 좋아질 거예요.

4. 가 : 생선에서 나는 냄새를 어떻게 하면 없앨 수 있어요?
   나 : 생선 요리에 ________________________ 냄새가 없어져요.

한 N(이)라도 V-(으)면 (안 되다)

1. 가 : 맛있어 보이는데, 이거 좀 먹어도 돼요?

   나 : 안 돼요. 손님 드릴 거니까 ....

2. 가 : 언제부터 술을 마셔도 괜찮아요?

   나 : 약을 다 먹을 때까지는 술을 ....

3. 가 : 어머니께 주말마다 전화를 꼭 해야 돼?

   나 : 응, ... 걱정하시거든.

4. 가 : 전기 요금을 꼭 오늘까지 내야 돼요?

   나 : 네, ... 돈을 더 내야 하거든요.

N을/를 통해(서)

▶ **다음을 읽고 위의 문형을 이용하여 문장을 만들어 보십시오.**

1.

합격자 발표 안내

신입 사원 합격자 발표는 6월 7일 본사 홈페이지에 들어오셔서 확인하실 수 있습니다. ARS 전화로도 확인이 가능하며 합격자에게는 이메일로 알려 줍니다.

- ARS 전화 : 880 – 5488
- 홈페이지 : http://www.hankuk.co.kr

(주) 한국

....

....

▶ **다음의 밑줄 친 부분을 위의 문형을 이용하여 바꿔 보십시오.**

2.

자원 봉사자 : ....

3.

영화감독 : ....

24과 아리랑 아리랑 아라리요

대화 연습

N(이/에서)든지 N(이/에서)든지

1. 가 : .... 씨, 오늘 점심에 무엇을 먹을까요?
   나 : 나는 .... 상관없어요.

2. 가 : 분홍색 넥타이에는 어떤 색 셔츠가 어울리지요?
   나 : .... 다 잘 어울려요.

3. 가 : .... 씨, 우리 어디에서 만날까요?
   나 : .... 편한 데서 만나요.

4. 가 : 김치는 어디에서 살 수 있어요?
   나 : .... 어느 곳에서나 살 수 있어요.

A/V-든지 A/V-든지

1. 가 : 비가 오면 어떻게 하지요?
   나 : .... 계획대로 여행 가요.

2. 가 : 네가 안 쓰는 이 책상, 내가 써도 돼?
   나 : 그래, ... 네 마음대로 해.

3. 가 : 버스가 빨리 안 오면 어떻게 할 거예요?
   나 : .... 합시다.

4. 가 : 우리 만나서 뭐 할까요?
   나 : .... 합시다.

대화 연습

N(으)로(서)

▶ 다음의 밑줄 친 부분을 위의 문형을 이용하여 바꿔 보십시오.

1.

교수 : ....

2.

여행 안내원 : ....

3.

요리사 : ....

4.

동물원 안내원 : ....

N에 이르다, V-기에 이르다

▶ **다음을 읽고 위의 문형을 이용하여 문장을 완성하십시오.**

1\.

공휴일은 종교적 기념일과 일반 기념일로 나눌 수 있는데 세계 대부분의 나라의 경우 종교적 기념일이 80%를 차지하고 있다. 영국의 공휴일은 7일, 독일은 10일, 프랑스는 11일, 미국은 8일, 한국은 15일로 전체 휴가 일수로 보면 선진국에 비해 많은 편은 아니지만 공휴일만 보면 많은 편이라고 할 수 있다.

....

....

2\.

저축의 날을 맞아 직장인 1,170명을 대상으로 조사한 결과 전체 응답자의 94.4%가 매월 저축을 하고 있고 월평균 저축액은 84만 원인 것으로 조사되었다. 그리고 직장 생활을 오래 할수록 결혼, 육아, 자녀 교육 등의 가정생활을 유지하는 데 따르는 경제적 부담의 증가로 저축액이 감소하는 것으로 나타났다.

....

....

25과 흥부와 놀부

대화 연습

N-질

1. 가 : 왜 양복보다 청바지가 좋아요?

   나 : 저는 __________을 잘 못해서 양복보다 청바지를 더 좋아해요.

2. 가 : 아직도 젓가락을 사용하는 것이 불편해요?

   나 : 네, 아무리 노력해도 __________은 아직도 어려워요.

3. 가 : 나쁜 일이 있는데 더 나쁜 일을 만든다는 뜻의 한국어 속담이 뭐예요?

   나 : '불난 데 __________한다' 예요.

4. 가 : 놀부는 흥부가 어떻게 해서 부자가 됐다고 생각해요?

   나 : __________을 해서 부자가 됐다고 생각해요.

두고 보다

1. 가 : 네 실력이 그 정도밖에 안 되는구나!

   나 : __________. 다음에는 더 잘할 테니까.

2. 가 : 다리를 다친 제비가 놀부에게 뭐라고 말했지?

   나 : __________ 하고 말했어.

3. 가 : 아버지가 생각을 바꾸실까요?

   나 : 아버지가 생각을 바꾸실지는 좀 더 __________

4. 가 : 환자의 상태가 좋아지게 될까요?

   나 : 좀 __________

정신(을) (못) 차리다, 정신(이) 없다

1. 가 : 그 친구가 여자 친구와 헤어졌다고 들었는데 괜찮아요?
   나 : 아니요, 요즘 그것 때문에 ....

2. 가 : 준석 씨는 술을 잘 못 마셔요?
   나 : 네, 조금만 마셔도 ....

3. 가 : 지하철에서 지갑이 없어진 것을 왜 몰랐어요?
   나 : 사람이 너무나 많아서 ....

4. 가 : 요즘 바빠요?
   나 : 네, 요즘 너무 바빠서 ....

그러던 어느 날

▶ 위의 문형을 이용하여 다음 그림을 이야기로 만들어 보십시오.

1.

....

....

2.

....

....

3.

....

....

4.

....

....

26과 희생을 무릅쓰고 지도를 완성했어요

대화 연습

N을/를 무릅쓰고

1. 가 : 이 책은 어떤 내용이에요?
   나 : ______________________ 병과 싸워 이겨 낸 암 환자의 이야기예요.

2. 가 : 왜 소방관이 되고 싶어요?
   나 : 제가 어렸을 때 소방관 아저씨가 ______________________
   저를 구해 주셨는데, 그때 저도 소방관이 되겠다는 결심을 했어요.

3. 가 : 오늘 수업 시간에 어떤 내용의 비디오를 보았어요?
   나 : 어떤 장애인이 ______________________ 설악산 정상에 올라간 이야기였어요.

4. 가 : 목욕탕에서 목욕하다가 불이 나면 어떻게 할 거예요?
   나 : ______________________ 뛰어나와야지요.

(N에/에게) N을/를 바치다, V-는 데(에) 일생을 바치다

1. 가 : 군인이 되고 싶다고 했는데 정말 나라를 위해 죽을 수도 있어?
   나 : 그럼. 나는 나라를 위해 ______________________

2. 가 : 남편이 결혼 전에 뭐라고 이야기했어요?
   나 : ______________________ 저를 사랑하겠다고 했어요.

3. 가 : 테레사 수녀님은 어떤 분이에요?
   나 : 가난한 사람들을 돕는 데 ______________________ 분이에요.

4. 가 : 앞으로 어떤 일을 하고 싶어요?
   나 : 부모가 없는 아이들을 돌보는 데에 ______________________ 싶어요.

대화 연습

N이/가 오죽하겠어(요)?

1. 가 : 20년 동안 고향에 못 갔어요.
   나 : 그러니 고향에 ....

2. 가 : 그 마을은 한 달째 전기가 들어오지 않고 있대.
   나 : 그러니 ....

3. 가 : 옆집 아주머니는 잃어버린 아들을 찾고 계시대요.
   나 : 그 아주머니의 ....

4. 가 : 난민촌의 아이들은 지금도 제대로 먹지도 못하고 있어요.
   나 : 아이들의 ....

V-게 된 동기

▶ **다음의 밑줄 친 부분을 위의 문형을 이용하여 바꿔 보십시오.**

1.

기자 : ....

2.

기자 : ....

3.

영화감독 : ....

4.

남자 : ....

복습 6

어휘와 문법

I 다음에서 알맞은 단어를 찾아 문장에 맞게 쓰십시오. (1–18)

가리키다	가사	가상	갚다	걸치다	검색	끝내	내밀다
내역	내쫓다	널리	무리	민중	바르다	부러지다	씨
오죽하다	온갖	의존하다	이르다	정밀하다	존경하다	흔히	

1. 알고 싶은 것이 있을 때는 인터넷으로 (   )하면 쉽게 정보를 얻을 수 있다.
2. 영수증을 받은 후 지출 (   )을/를 확인해 주시기 바랍니다.
3. 이제 어른이 됐으니 부모님께 (   )지 않고 스스로 문제를 해결할 거예요.
4. 이 영화에서 사람들은 현실 세계에서 싸우는 것이 아니라 컴퓨터를 통한 (   )의 세계에서 싸우는 것이다.
5. 민요는 (   )의 일상생활과 감정을 표현한 노래이다.
6. 우체국은 저기 보이는 빨간 건물이에요. 제 손이 (   )는 곳을 보세요.
7. '경기 아리랑'은 한국의 대표적인 노래로 세계에 (   ) 알려져 있다.
8. 그 노래는 알고 있지만 (   )을/를 몰라서 부를 수가 없어요.
9. 옛날에는 떡을 만들어 먹는 일이 어느 가정에서나 (   ) 볼 수 있는 일이었지만 요즘은 사다가 먹는 경우가 많다.
10. (   )을/를 심은 지 일주일 만에 싹이 났다.
11. 달리는 자동차 안에서 창밖으로 손을 (   )(으)면 위험하다.
12. 욕심 많은 놀부는 흥부의 가족을 집에서 (   ).
13. 아픈 곳에 이 약을 (   )(으)면 곧 나을 거예요.

14. 도움을 받는 일은 쉬워도 은혜를 ( )은/는 일은 쉽지 않다.

15. 봄이 되면 ( ) 종류의 꽃들이 산을 덮는다.

16. 시계를 만드는 일은 무엇보다도 ( ) 기술이 필요하다.

17. 세 시간에 ( )서 회의를 했지만 결론이 나지 않았다.

18. 사고로 아들을 잃은 어머니의 마음이 ( )?

II ( ) 안의 문형을 써서 대답해 보십시오. (19-27)

19. 가 : 고향에 언제쯤 돌아갈 예정이에요?
나 : ....
(A/V-(으)ㄹ지 A/V-(으)ㄹ지)

20. 가 : 우리 학교에 대해 어떻게 알게 되었어요?
나 : ....
(N을/를 통해(서))

21. 가 : 카드 한 장이 없는데, 게임을 할 수 있어요?
나 : ....
(한 N(이)라도 V-(으)면 (안 되다))

22. 가 : 서울의 인구가 얼마나 돼요?
나 : ....
(N에 이르다)

23. 가 : 사전이 비싼 것 같은데 살 거예요?
나 : ....
(A/V-든지 A/V-든지)

24. 가 : 만약 부모님께서 결혼을 허락하지 않으시면 어떻게 할 거예요?
나 : ....

(N을/를 무릅쓰고)

25. 가 : 우체국 다녀왔어요? 찾기 쉬웠지요?
나 : ....

(A/V-(으)ㄴ/는 게 다 뭐예요?)

26. 가 : 사고를 당하고 나서 어떤 생각을 했어요?
나 : ....

(V-겠다는 결심을 하다)

27. 가 : 우리 부모님께서는 고향이 북한에 있어서 가고 싶어도 못 가세요.
나 : ....

(N이/가 오죽하겠어(요)?)

CD 1 _ track 7

듣 기

I 다음을 듣고 이어질 수 있는 말을 고르십시오. (1-3)

1. ① 전화를 통해서 개인적으로 알려 준대요.
② 결과를 안절부절못하며 기다리고 있어요.
③ 취직 시험을 본 사람이 500명에 이른대요.
④ 이번에도 떨어졌으니 마음이 오죽하겠어요?

2. ① 병이 나은 게 다 뭐예요?
② 그러던 어느 날 검사를 받았어요.
③ 고통을 무릅쓰고 병원에 다녔어요.
④ 네. 부모님께 말씀드려야 할지 말아야 할지 모르겠어요.

3. ① 방학을 여행하는 데 이용하면 어떨까요?
② 벌써 10여 개국을 다녀오기에 이르렀어요.
③ 어려운 이웃을 돕는 일을 해야겠다는 결심을 했어요.
④ 불쌍한 사람들을 위해 일생을 바치는 사람이 많아요.

II 다음을 잘 듣고 질문에 답하십시오. (4-5)

4. ① 외국 쇼핑몰 안내
② 인터넷 쇼핑몰 안내
③ 인터넷 사이트의 좋은 점
④ 영어 관련 사이트의 가입 안내

5. ① 의자 마케팅은 여자 손님을 위한 것이다.
② 백화점에서 설치한 의자는 가장 싼 의자다.
③ 의자 마케팅은 백화점 매출에 많은 도움을 주었다.
④ 어머니들은 아버지들이 계산을 할 때 안절부절못한다.

Ⅲ 다음 내용을 잘 듣고 질문에 답하십시오. (6–7)

6.

서울 → 인천국제공항	
첫차	오전 5:00 → 오전 (　　:　　)
마지막 차	오후 10:00 → 오후 (　　:　　)

7.

약국 개점 시간	오전 7:30 → 오전 (　　:　　)
약국 폐점 시간	오후 (　　:　　) → 오후 9:00

Ⅳ 다음 내용을 잘 듣고 질문에 답하십시오. (8–9)

8. ① 여자는 앞으로 컴퓨터를 덜 사용할 계획이다.
   ② 여자는 PC방에서 일어난 사고 소식을 어젯밤에 알았다.
   ③ 남자와 달리 여자는 컴퓨터나 인터넷의 발달을 좋아하지 않는다.
   ④ 오랜 시간 한 자세로 있어야 할 때는 1시간마다 가벼운 운동을 해야 한다.

9. ① 긍정적이다.
   ② 부정적이다.
   ③ 희망적이다.
   ④ 절망적이다.

Ⅴ 다음 내용을 잘 듣고 빈칸에 알맞은 말을 쓰십시오. (10)

10. 영화는 부모의 반대를 (　　　　　　)쓰고 자기의 (　　　　　　)에 맞는 일을 선택한 소녀에 대한 이야기였다.

읽기

I 다음 글을 읽고 질문에 대답하십시오. (1-2)

우리나라에 지도다운 지도가 만들어진 것은 19세기에 이르러서였다. 이 지도를 '대동여지도'라고 하는데, 이는 '김정호'라는 한 사람의 노력으로 이루어진 것이다. 오늘날에도 정밀하고 과학적인 걸작품이라고 평가받는 이 '대동여지도'가 만들어지게 된 동기는 '김정호'의 단순한 ㉠ 호기심 때문이었다. '저 산 너머에는 무엇이 있을까?' 하는 어린 시절 궁금증은 지도를 만들어 보겠다는 꿈으로 이어졌고, 그 꿈은 그에게 일생을 바쳐 지도를 만들게 하였다.

1. 윗글의 내용과 같은 것을 고르십시오.
   ① 19세기 전에는 한국에 지도가 전혀 없었다.
   ② 19세기 전의 지도는 정밀하고 과학적이었다.
   ③ 김정호는 지도를 만드는 데에 일생을 바쳤다.
   ④ 현대에 들어와서 '대동여지도'는 높은 평가를 받지 못하고 있다.

2. '㉠ 호기심'과 비슷한 뜻을 가진 단어를 윗글에서 찾아 쓰십시오.

II 다음 글을 읽고 질문에 대답하십시오. (3-4)

컴퓨터 바이러스가 큰 문젯거리였던 몇 달 전의 일이다. 하루는 밤늦게 컴퓨터로 일을 하고 있는 나에게 아버지가 오셔서 말씀하셨다.

아버지 : "요새 컴퓨터 바이러스가 유행이라던데……."
나 : "아버지, 제 컴퓨터는 괜찮아요."
아버지 : (걱정스러운 표정으로) "그래도 따뜻한 옷을 좀 입고 하도록 해라."
나 : ㉠ ....

3. '아버지'는 어떤 분이십니까?
   ① 뉴스에 관심이 없다.
   ② 유행에 관심이 많다.
   ③ 컴퓨터에 대해 잘 아신다.
   ④ 아들이 감기에 걸릴까 봐 걱정하신다.

4. ㉠에 적당한 말을 써넣어 보십시오.

Ⅲ 다음 글을 읽고 질문에 대답하십시오. (5-8)

(가) 정확한 원인은 알려지지 않고 있으나, 의학적으로 '갑자기, 그리고 원인을 알 수 없는 죽음증후군(SUDS: Sudden Unexplained Death Syndrome)'이라는 것이 있다. 여자보다 남자가 훨씬 많고, 주로 20-40대 젊은 층으로 죽기 전까지 건강에 아무런 이상을 보이지 않으며, 대개 한밤중 잠든 사이에 죽는다는 공통점이 있다. 미국의 질병관리센터는 지난 80년대 초 이 죽음증후군을 미국으로 망명한 동남아시아 젊은이들 사이에서 발생한 사망 원인으로 분류했다.

(나) 건강 관리에 남보다 더 신경을 쓰고 정신력도 누구보다 강한 유명한 운동선수들 중에서도 이런 돌연사를 당하는 경우가 있다. 지난 1995년에는 동계 올림픽에서 피겨 스케이팅 페어 부문에서 2회 연속 우승한 세르게이 그린코프가 갑자기 사망했고, 2003년에는 카메룬의 축구 선수가 경기 중에 사망하기도 했다.

(다) 다른 질병과 마찬가지로 죽음증후군 역시 예방이 가장 중요하다. 담배는 혈관을 좁히므로 금연하는 것이 좋고, 자전거나 수영 등의 유산소 운동을 하며, 기름진 음식이나 인스턴트 음식을 피하고 야채나 과일을 많이 먹는 등 음식에도 신경을 써야 한다.

(라) 그러나 무엇보다 중요한 것은 스트레스를 관리하는 것이다. 사회가 점점 복잡해짐에 따라 현대인들은 많은 스트레스를 받고 있는데, 이 스트레스는 모든 병의 원인이라고 할 수 있다. 죽음증후군 역시 심한 스트레스가 가장 큰 원인이라고 할 수 있으므로 스트레스를 피하고 긍정적이고 낙관적인 사고방식을 갖는 것이 필요하다.

5. '죽음증후군'은 무엇이고, 어떤 사람에게 많이 나타납니까?

6. '죽음증후군'을 예방하는 방법은 어떤 것이 있습니까?

7. 윗글 중에서 가장 중요한 문장(주제문)이 들어 있는 것을 고르십시오.

① (가)　② (나)　③ (다)　④ (라)

8. 윗글의 내용을 3줄 이내로 요약해 보십시오.

쓰 기

1 그림을 보고 다음 문형을 이용해서 이야기를 만들어 보십시오.

착하다 그만 욕심 잔치 은혜를 갚다 신기하다 벌어지다 싫다 행복하다
N(이)라고 불리다 N이/가 오죽하겠어(요)? 그러던 어느 날 정신(을) (못) 차리다
한 N(이)라도 V-(으)면 (안 되다) N도 마 N에 N을/를 입다[신다] V-는 바람에

콩쥐와 팥쥐

27과 말이야말로 그 사람의 인격을 말해 줍니다

대화 연습

N(이)야말로

1. 가 : 민수 씨 고향이 그렇게 살기 좋은 곳이에요?

   나 : 네, ______________________ 정말 살기 좋은 곳이지요.

2. 가 : 전주비빔밥이 유명한 음식인가요?

   나 : 네, ______________________ 전주를 대표하는 음식이지요.

3. 가 : 컴퓨터가 꼭 있어야 하나요?

   나 : 그럼요. 현대 생활에서 ______________________ 없어서는 안 되는 것이지요.

4. 가 : 인생에서 가장 중요한 게 뭐라고 생각해요?

   나 : ______________________ 우리 인생에서 가장 중요한 것이라고 생각해요.

N-스럽다

1. 가 : 우리 신혼여행으로 세계 일주를 하면 어때?

   나 : 그건 너무 ______________________

2. 가 : 장학금을 받았을 때 부모님께서 기뻐하셨지요?

   나 : 네, 부모님께서 정말 ______________________

3. 가 : 동생이 교통사고를 당해서 많이 다쳤다면서요?

   나 : 네, 그래서 너무나 ______________________

4. 가 : 토니 씨가 한국 사람처럼 한국말을 잘해요?

   나 : 네, 한국 사람처럼 아주 ______________________ 말해요.

V-아/어 버릇하다

1. 가 : 지하철 타는 것이 힘들지 않아요?

   나 : ____________________ 이제는 힘들지 않아요.

2. 가 : 이제는 커피 대신 녹차를 마시는군요.

   나 : ____________________ 이제는 커피보다 녹차가 더 좋아졌어요.

3. 가 : 집에서 학교까지 걸어오면 힘들지 않아요?

   나 : 매일 ____________________ 별로 힘들지 않은데요.

4. 가 : 매일 5시에 일어나서 운동하면 피곤하지 않아요?

   나 : 처음에는 피곤했는데 ____________________ 이제는 괜찮아요.

N을/를 비롯하다

▶ **다음의 내용을 읽고 위의 문형을 이용하여 문장을 만들어 보십시오.**

1.

세계 음식 축제

서울에서 열리는 세계 음식 축제에 오십시오!
세계 각국의 유명한 음식을 모두 먹어 볼 수 있습니다.
이번 행사에는 세계 14개국이 참가합니다.

아시아 : 한국, 중국, 일본, 베트남, 몽골, 터키
유럽 : 프랑스, 영국, 독일, 이탈리아
아메리카 : 미국, 캐나다, 브라질, 멕시코

- 날짜 : 10월 15일 – 10월 20일
- 장소 : 서울 한강시민공원

____

____

2.

한국 전통문화 축제

한국 전통문화에 관심이 많으십니까?
그렇다면 한국 전통문화 체험 행사에 오십시오.
이번 행사에서는 전통 음악과 전통 춤의 공연을 볼 수 있을 뿐만 아니라 배울 수도 있습니다.

음악 공연 : 판소리 공연, 사물놀이 공연, 민요 공연
춤 공연 : 부채춤, 탈춤, 장구춤

- 날짜 : 1월 1일 – 1월 10일
- 장소 : 민속촌

28과 찬성하는 쪽이에요? 반대하는 쪽이에요?

대화 연습

S-다고 야단(들)이다, A/V-아/어서 야단이다[야단났다]

1. 가 : 밖이 왜 이렇게 시끄러워요?
   나 : 공짜로 나눠 주는 물건을 ______________________

2. 가 : 조카가 왜 저렇게 울어?
   나 : 감기에 걸렸는데도 아이스크림을 ______________________

3. 가 : 오늘 여행 가니?
   나 : 가야 하는데 날씨가 ______________________

4. 가 : 왜 그래? 무슨 걱정 있니?
   나 : 내일까지 등록금을 내야 하는데 ______________________

A/V-다느니 A/V-다느니 (하면서)

1. 가 : 동생이 선보고 와서 뭐라고 해요?
   나 : ______________________ 다시는 안 만나겠대요.

2. 가 : 어제 회의에서 어떤 이야기가 나왔어요?
   나 : ______________________ 의견이 나왔어요.

3. 가 : 시험이 끝나면 친구들과 어떤 이야기를 해요?
   나 : 네, ______________________ 이야기를 하지요.

4. 가 : 어머니께서 선물로 드린 옷을 받고 뭐라고 하셨어요?
   나 : ______________________ 좋아하셨어요.

N에(도) 일리가 있다

1. 가 : 학생들이 쉴 시간이 필요하다고 하네요.
   나 : 학생들 ______________________

2. 가 : 지금 정하지 말고 좀 더 시간을 두고 생각해 보는 게 어때요?
   나 : ______________________. 그렇게 하지요.

3. 가 : 이제 서울에는 아파트를 더 지으면 안 된다고 생각합니다.
   나 : ______________________ 제 의견은 좀 다릅니다.

4. 가 : 사형 제도를 없애자는 의견이 있는데 어떻게 생각하세요?
   나 : 사형 제도를 없애자는 ______________________고 생각합니다.

N을/를[이/가] N(으)로 취급하다[취급받다]

1. 가 : 지금 입은 그 옷은 별로 비싸 보이지는 않는데 얼마 주고 샀어?
   나 : ______________________지 마. 이거 아주 좋은 거야.

2. 가 : 감기 걸리지 않도록 조심해. 그리고 밤에 혼자 다니지 마.
   나 : ______________________지 마세요.

3. 가 : 처음에는 사람들이 고야가 그린 '마야'를 좋아하지 않았다지요?
   나 : 네, 그 그림을 ______________________

4. 가 : 다른 사람과 말하지 마. 넌 내 여자 친구야.
   나 : 난 ______________________고 싶지 않아.

29과 인연이 있으면 언젠가 또 만나게 되겠지

대화 연습

A/V-아/어서는 안 되다

1. 가 : 어머, 저 사람들이 사진을 찍으려고 잔디밭으로 들어가네.
   나 : 그러게. 잔디밭에 ……………………………………

2. 가 : 저 사람은 장애인이 아닌데 장애인 전용 주차장에 차를 세우네.
   나 : 그러게 말이야. 장애인이 아니면 ……………………………………

3. 가 : 어머, 강아지를 데리고 지하철을 탔네.
   나 : 그러네. ……………………………………

4. 가 : 저 사람 전화하고 있는 거 같은데.
   나 : 그러게 말이야. 극장에서 ……………………………………

A/V-았/었더라면

1. 가 : 어제 친구와 못 만났어요?
   나 : 네, 못 만났어요. …………………………………… 만날 수 있었을 텐데.

2. 가 : 그 일의 실패 원인이 무엇이라고 생각하세요?
   나 : 준비가 부족했기 때문이에요. …………………………………… 실패하지 않았을 거예요.

3. 가 : 우리는 인연이 있는 것 같아요. 이렇게 짧은 시간에 가까워진 걸 보면.
   나 : 정말 그래요. …………………………………… 좋았을 텐데.

4. 가 : 수미 씨, 어제 텔레비전에 우리 선생님이 나오셨는데 봤어요?
   나 : 아니요, 못 봤어요. …………………………………… 좋았을 텐데.

A/V-(으)ㄹ 줄 누가[어떻게] 알았겠어요?, A/V-(으)ㄹ 줄이야

1. 가 : 오늘 일찍 집에서 나왔다던데 왜 학교에 지각했어요?
   나 : 길이 그렇게 ....

2. 가 : 아침 일찍 서울역에 갔는데도 기차표를 못 샀어요?
   나 : 그렇게 아침 일찍 표가 ....

3. 가 : 다나카 씨가 이번 시험에서 일등 했다는 말 들었어?
   나 : 뭐? 다나카 씨가 일등을 ....

4. 가 : 선생님과 노래방에 가서 깜짝 놀랐다면서요?
   나 : 선생님께서 그렇게 노래를 ....

V-(으)ㄹ래야 V-(으)ㄹ 수(가) 없다

1. 가 : .... 씨, 올해는 담배를 끊는 것이 어때요?
   나 : 나는 담배를 ....

2. 가 : 얘야, 이번 방학에는 집에 꼭 와야 한다.
   나 : 바빠서 이번 방학에도 ....

3. 가 : 그 여자 친구는 이제 그만 잊어버리세요.
   나 : 저도 그러고 싶지만 ....

4. 가 : 어제 잠 잘 잤어요?
   나 : 옆집이 시끄러워서 ....

30과 서울은 한국 제일의 도시이다

대화 연습

N(으)로 보나 N(으)로 보나

1. 가 : ______________ 씨 나라에서 여행 갈 만한 곳은 어디예요?
   나 : 한국에서는 ______________________________ 제주도가 최고예요.

2. 가 : 뭐 시킬까요?
   나 : ______________________________ 자장면이 좋겠어요.

3. 가 : 한국은 언제 여행 가면 좋아요?
   나 : ______________________________ 가을이 제일 좋아요.

4. 가 : 왜 이 회사에 들어가고 싶어해요?
   나 : ______________________________ 이 회사에서 일하면 좋을 것 같아서요.

N임에 틀림없다, A/V-(으)ㄴ/는 게 틀림없다

1. 가 : 이 소설책은 무려 500만 권이나 팔렸대요.
   나 : 그렇게 많이 팔린 걸 보면 ______________________________

2. 가 : 저 두 사람은 어떤 사이예요?
   나 : 항상 옆에 같이 앉아서 공부하는 걸 보면 ______________________________

3. 가 : 시험이 어땠어요?
   나 : 학생들이 시험지를 빨리 내고 나간 것을 보니 ______________________________
   ____

4. 가 : 저 영화를 보는 게 어떨까요?
   나 : 극장 앞에 사람들이 별로 없는 것을 보니 ______________________________

V-(으)ㅁ에 따라

▶ 다음 내용을 보고 위의 문형을 이용하여 문장을 만들어 보십시오.

1.

담뱃값 인상 뒤 금연율 증가

작년 12월에 정부가 담뱃값을 500원 인상한 뒤 금연율이 증가하고 있습니다. 이와 함께 건강에 대한 관심도 높아지고 있어서 여러 가지 운동을 시작하는 사람들이 늘어나고 있다고 합니다.

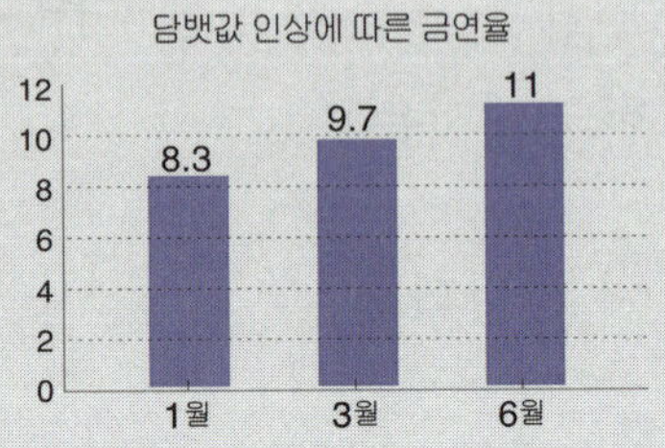

2.

경찰의 음주 운전 단속 계속될 듯

경찰의 최근 발표에 따르면 음주 운전 단속을 강화한 이후 음주로 인한 교통사고의 발생이 감소한 것으로 나타났습니다. 음주로 인한 교통사고는 작년과 비교해 볼 때 19.5% 감소하였는데, 경찰은 이에 대해 음주 단속이 강화되었기 때문인 것으로 보고 있습니다. 따라서 경찰은 연말에 자주 일어나는 음주 운전을 막기 위해 음주 단속을 더 강화하기로 하였습니다.

A/V-(으)ㄹ 전망이다[전망이 있다, 전망이 보이다]

▶ 다음 내용을 보고 위의 문형을 이용하여 문장을 만들어 보십시오.

1.

고령 사회가 다가온다

최근 출산율 감소로 인해 인구 증가율이 크게 떨어졌습니다. 10년 전 1.01명이던 인구 증가율이 현재 0.44명입니다. 이러한 추세라면 2050년경의 인구 구성 비율은 옆의 그래프와 같을 것으로 예상됩니다.

인구 구성 비율(2050년)

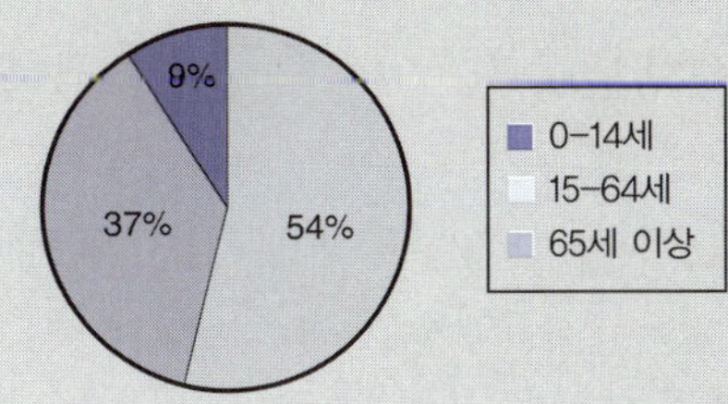

2.

건강 보험의 확대 실시

정부는 암 치료에도 건강 보험을 적용하기로 했습니다. 지금까지는 암 환자가 치료비를 대부분 부담해야 했기 때문에 환자의 부담이 매우 컸습니다. 하지만 정부의 이번 조치로 환자들의 부담은 크게 줄어들 것으로 보입니다. 이와 함께 개인적으로 돈을 내서 받던 암 검사를 무료로 받을 수 있게 되면서 암 검사를 받는 사람들이 늘어나고 있습니다. 이는 국민 건강에 크게 도움이 될 것으로 보입니다.

복습 7

어휘와 문법

Ⅰ 다음에서 알맞은 단어를 찾아 문장에 맞게 쓰십시오. (1-18)

간섭하다	따르다	떼다	뜻밖에	무작정	범죄	비롯하다	사소하다
사치스럽다	소홀히	싸구려	야단나다	양보하다	일리가 있다	일상생활	
입장	저속하다	줍다	찬성하다	초보	취급하다	토론하다	헤매다

1. 선생님을 (　　　　　) 책을 읽어 보세요.

2. 고향에 갈 표를 예매하지 못해서 정말 (　　　　　)요.

3. 두 사람은 너무 정이 들어서 이제 (　　　　　)래야 (　　　　　) 수 없는 사이가 됐다.

4. 그 가게에서는 외국 물건을 (　　　　　)지 않아요.

5. 그 건물을 찾아 (　　　　　)느라 다리가 아플 정도로 걷고 또 걸었다.

6. 한국어 시험에는 쓰기 시험을 (　　　　　)서 여러 가지 시험이 있다.

7. 저기 서 계시는 할머니께 자리를 (　　　　　) 드리자.

8. 친구 사이에도 욕 같은 (　　　　　) 말을 하면 안 돼요.

9. 너는 학생이 이렇게 비싼 물건을 사면 어떻게 하니? 그러니까 (　　　　　)다는 소리를 듣는 거야.

10. 친구가 나에게 충고를 했다. 들을 때는 화가 났지만 생각해 보니 친구의 말에도 (　　　　　)다.

11. 상대방의 (　　　　　)이/가 되어서 생각하면 이해하지 못할 일이 없을 것이다.

12. 요즘 청소년 (　　　　　)이/가 점점 늘어서 사회적으로 큰 문제이다.

13. 책이 바닥에 떨어졌네요. 좀 (　　　　　) 주시겠어요?

14. 그건 그리 심각한 문제는 아닙니다. (   ) 걱정거리일 뿐입니다.

15. 선보러 나갔는데 (   ) 초등학교 때 친구가 나와서 깜짝 놀랐다.

16. 그 여자는 예뻐서 시장에서 파는 (   ) 옷을 입어도 비싼 옷을 입은 것처럼 보인다.

17. 아무 계획도 없이 이렇게 (   ) 여행을 떠나면 어떡해요?

18. 이 문제에 대해 심각하게 (   ) 봐야 할 것 같습니다.

II ( ) 안의 문형을 써서 대답해 보십시오. (19–28)

19. 가 : 이번 올림픽에는 모두 몇 나라가 참가합니까?
    나 : ....
    (N을/를 비롯하다)

20. 가 : 요즘은 아침에 택시를 자주 타게 돼요.
    나 : ....
    (V–아/어 버릇하다)

21. 가 : 사람들이 뭣 때문에 야단이에요?
    나 : ....
    (A/V–다느니 A/V–다느니 (하면서))

22. 가 : 형하고 싸운 이유가 뭐야?
    나 : ....
    (N을/를[이/가] N(으)로 취급하다[취급받다])

23. 가 : 어제 왜 안 왔어요? 선생님이 크게 한턱내셨는데.

나 : ....

(A/V-았/었더라면)

24. 가 : 이 옷을 세탁기에 빨면 어떡해요? 줄어서 못 입게 됐잖아요.

나 : ....

(A/V-(으)ㄹ 줄 누가[어떻게] 알았겠어요?)

25. 가 : 저 노래 따라 부를 수 있어요?

나 : ....

(V-(으)ㄹ래야 V-(으)ㄹ 수(가) 없다)

26. 가 : 왜 그 하숙집으로 옮기려고 해요?

나 : ....

(N(으)로 보나 N(으)로 보나)

27. 가 : 서울의 공기가 나빠진 이유가 무엇입니까?

나 : ....

(V-(으)ㅁ에 따라)

28. 가 : 에이즈가 치료될 수 있을까요?

나 : ....

(A/V-(으)ㄹ 전망이다[전망이 있다, 전망이 보이다])

CD1 _ track8

듣기

I 다음 대화를 듣고 이어질 수 있는 말을 고르십시오. (1-3)

1. ① 그 말에도 일리가 있지요.
   ② 아침 식사야말로 꼭 먹어야 해요.
   ③ 먹어 버릇하면 그렇겠지만 저는 괜찮아요.
   ④ 아침 식사는 중요하니까 안 먹어서는 안 돼요.

2. ① 친구를 바보로 취급하면 안 돼요.
   ② 나를 보더니 무작정 화를 내잖아요.
   ③ 친구가 화가 나서 그런 게 틀림없어요.
   ④ 나하고 얘기를 안 할까 봐 걱정스러워요.

3. ① 잘래야 잘 수가 없었어요.
   ② 기온이 그렇게 올라갈 줄이야.
   ③ 선풍기를 고쳤더라면 좋았겠지요?
   ④ 밤에 기온이 무려 30도가 넘었어요.

II 다음을 잘 듣고 질문에 답하십시오. (4-6)

4. ① 아이들은 판단 능력이 부족하다.
   ② 부모들은 누구나 최선을 다한다.
   ③ 자녀에게 미치는 부모의 영향은 크다.
   ④ 부모의 말과 행동은 서로 관계가 있다.

5. ① 직장인들은 상사에 대해 칭찬하기를 좋아한다.
   ② 김 대리는 이번 기회에 회사를 아주 그만둘 것이다.
   ③ 김 대리는 상사를 곤란하게 만들었더라면 좋았을 것이라고 생각한다.
   ④ 직장인들 가운데 50% 이상이 상사를 힘들게 함으로써 스트레스를 푼다.

6. ① 조명 시설에 대한 반응은 좋은 편이다.
② 남자는 최근 밤에 한강에 나가 본 적이 없다.
③ 남자는 최근 여자 친구에게 헤어지자는 말을 들었다.
④ 남자는 지난번 데이트 때 여자 친구와 함께 한강에 갔다.

Ⅲ 다음 내용을 잘 듣고 질문에 답하십시오. (7-8)

7. ① 가방은 여성스러움을 강조해야 한다.
② 일하는 여성을 위해서는 실용적인 가방을 만들면 좋다.
③ 일하는 엄마들을 위해 가방에 아기용품도 넣을 수 있게 만들었다.
④ 미국 여성들 사이에서는 지금 크고 네모 모양의 가방이 유행하고 있다.

8. ①

②

③
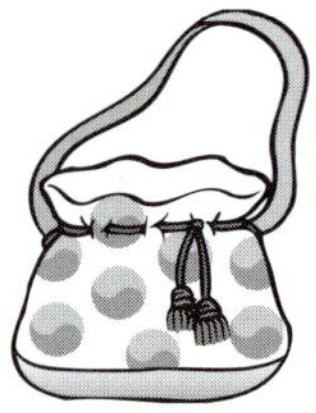
④
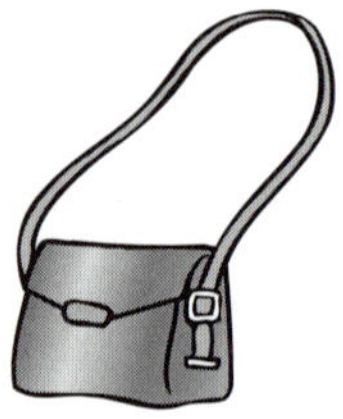

Ⅳ 다음 내용을 잘 듣고 질문에 답하십시오. (9-10)

9. ① 여자는 스트레스를 풀기 위해서 담배를 피운다.
② 앞으로 직원들은 회사에서 담배를 피울 수 없다.
③ 여자는 정신적인 건강보다 신체적인 건강이 중요하다고 생각한다.
④ 남자는 담배가 아닌 다른 방법으로 스트레스를 풀어야 한다고 생각한다.

10. 남자는 흡연에 대해 (　　　)하고 있는 데 반해 여자는 (　　　)하고 있다.

읽기

I 다음을 읽고 질문에 대답하십시오. (1)

'옷깃만 스쳐도 인연'이라는 말이 있는데 이것은 ㉠ ______________ 사소하고 작은 인연도 ㉡ ______________ 하려는 마음을 잘 나타내고 있다. 인간의 삶이 곧 사람을 만나고 헤어지는 일의 연속이므로 사람을 만나 생기게 되는 인연을 ㉢ ______________ 해서는 안 될 것이다.

1. ㉠, ㉡, ㉢에 알맞은 말은 무엇입니까?
   ① 뜻밖에 – 소중히 – 일반화
   ② 아무리 – 소중히 – 소홀히
   ③ 뜻밖에 – 일반화 – 소홀히
   ④ 아무리 – 일반화 – 소홀히

II 다음을 읽고 질문에 대답하십시오. (2-3)

B형 남자는 바람둥이, O형은 성격 좋은 리더?

혈액형에 따라 성격이 정해진다는 주장이 인기를 얻고 있지만, 과학계에서는 혈액형과 성격은 상관이 없고 오히려 혈액형과 질병이 관계가 있다는 실험 결과가 나오고 있다.

혈액형에 따라 잘 걸리는 질병에 차이가 있다는 사실은 1960년대부터 조금씩 알려지기 시작했는데, 1980년대 후반의 연구 결과 콜레라의 경우 O형이 쉽게 걸리고 AB형은 가장 저항력이 강한 것으로 나타났다. AB형의 경우 콜레라 세균이 든 물을 먹어도 설사도 하지 않을 정도였다. 반면 콜레라에 약한 O형은 여러 종류의 암에는 비교적 강한 것으로 조사되었다.

2. 윗글은 무엇에 관한 글입니까?
① 혈액형과 성격
② 혈액형의 종류
③ 혈액형과 질병
④ 혈액형과 콜레라

3. 윗글의 내용과 <u>다른 것</u>은 무엇입니까?
① O형은 다른 혈액형에 비해 암에 강하다.
② AB형은 콜레라에 약한 반면에 O형은 강하다.
③ 과학계에서는 혈액형과 성격은 크게 상관이 없다고 한다.
④ 혈액형과 질병에 관한 이론은 1960년대부터 알려지기 시작했다.

III 다음을 읽고 질문에 대답하십시오. (4-7)

K씨(26세)는 주말에 외출하기 전에 꼭 인터넷을 이용해 계획을 세운다. 지난 주말에는 개봉 때 못 본 이탈리아 영화 '인생은 아름다워'를 찾아 '정보의 바다'로 들어가서 그 영화가 아직 강남의 한 극장에서 상영되고 있다는 사실을 알아냈다. K씨는 친구와 영화를 본 뒤 인터넷 동호회의 한 회원이 추천해 준 식당을 찾아갔다. 이렇게 쇼핑, 공부, 취미 생활까지 가상공간을 이용하는 이들을 'N세대(Net-Generation)'라고 한다.

그런데 얼마 전 서울의 한 외식업체는 N세대로부터 혼이 났다. 인터넷에 그 식당의 불친절에 대한 글이 계속 실린 것이다. 결국 그 식당이 사과문을 올렸지만 상황은 이미 어쩔 수 없게 되기에 이르렀다. 또 어떤 패스트푸드점은 '음식에서 벌레가 나왔다'는 소문이 가상공간으로 널리 퍼지면서 한동안 매출이 큰 폭으로 감소하기도 했다.

업계의 한 관계자는 솔직한 반응이 N세대의 특징이므로 한번 '찍히면' 회복이 힘들 수도 있다고 말한다. 업체들은 인터넷 홈페이지를 통해 자기 회사의 상품 소개뿐만 아니라 '연예인 사인', '할인 쿠폰' 등을 제공하고 있다. 전문가들은 '입에서 입으로 전해지는 홍보'보다 '인터넷을 통한 홍보'가 더 중요해지고 있다고 설명한다.

4. 이 글의 제목을 붙여 보십시오.

5. 'N세대'란 어떤 사람들입니까?

6. 각종 업체에서 'N세대'를 중요하게 여기게 된 이유는 무엇입니까?

7. 'N세대'를 위해 업체에서는 어떤 일들을 하고 있습니까?

쓰 기

I 다음의 보고서는 여러 나라의 사형 제도에 대해 조사한 앰네스티(Amnesty)의 보고서입니다.

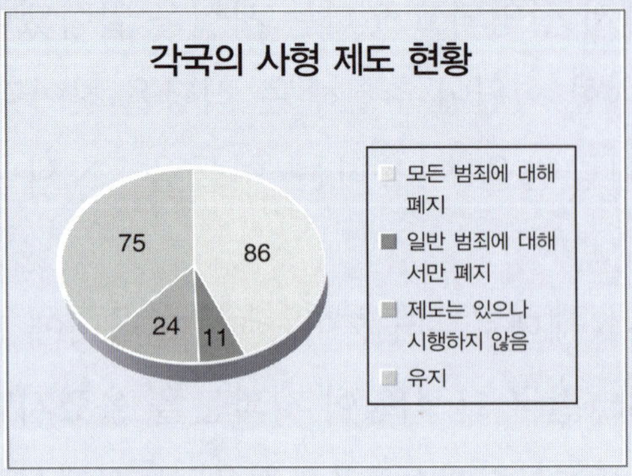

2005년 10월 현재, 모든 범죄에 대해 사형 제도를 폐지한 나라가 86개국, 일반 범죄에 대해서만 폐지한 나라가 11개국, 사형 제도는 있으나 시행하지 않는 나라가 24개국으로서 모두 121개국이 사형 제도를 시행하지 않는 셈이다. 이처럼 사형 제도를 폐지하는 나라가 점점 늘어나고 있지만, 아직도 사형 제도가 유지되고 있는 나라도 75개국이다.

1. 여러분의 나라에는 사형 제도가 있습니까?

2. 여러분은 사형 제도에 대해 찬성하십니까? 반대하십니까?

3. 사형 제도가 유지되어야 한다고 생각한다면 그 이유는 무엇입니까?

4. 사형 제도가 폐지되어야 한다고 생각한다면 그 이유는 무엇입니까?

II 다음의 표현을 이용하여 사형 제도에 대한 여러분의 생각을 써 보십시오.

금지하다	찬성하다	반대하다	지나치다	판단하다	N(이)야말로
A/V-다느니 A/V-다느니 (하면서)	N에(도) 일리가 있다	N을/를 비롯하다			
V-는 수가 많다[있다]	A/V-아/어서는 안 되다	V-(으)ㅁ에 따라			

31과 다이어트가 유행처럼 퍼지고 있어요

대화 연습

A/V-다기보다는

1. 가 : 왜 선물을 안 받아요? 마음에 안 들어요?

   나 : ______________________ 너무 비싸서 부담스러워요.

2. 가 : 왜 휴대 전화가 없어요? 필요 없어요?

   나 : ______________________ 귀찮아서요.

3. 가 : 왜 담배를 안 끊어요?

   나 : ______________________ 못 끊는 거지요.

4. 가 : 왜 안 사요? 너무 비싸요?

   나 : ______________________ 나에게 안 어울릴 것 같아서요.

A/V-기까지 하다

1. 가 : 시험을 못 볼 정도로 아팠어요?

   나 : 네, 너무 아파서 ______________________

2. 가 : 그 컴퓨터는 뭐가 문제예요?

   나 : 속도가 느린 데다가 ______________________

3. 가 : 그 아저씨는 대단한 구두쇠라면서요?

   나 : 네, 전기 요금을 아끼느라고 캄캄한 방에서 ______________________

4. 가 : 오늘 왜 기분이 안 좋아요?

   나 : 아침부터 머리가 아픈 데다가 ______________________

V-느니 차라리, 차라리

1. 가 : 옆집 부부는 요즘도 매일 싸워요.

   나 : ______________________________ 헤어지는 게 낫겠어요.

2. 가 : 볼만한 영화가 없으니까 이 영화라도 볼래?

   나 : ______________________________ 집에 가서 잠이나 잘래.

3. 가 : 오늘도 그 식당에 갈 거예요?

   나 : 그 식당에 가서 ______________________________ 굶겠어요.

4. 가 : 누가 유리창을 깼는지 모른다고 엄마에게 거짓말을 할까?

   나 : ______________________________ 사실대로 얘기하자.

A/V-(으)ㄴ/는 반면에

1. 가 : 그 사람은 어떤 사람이에요?

   나 : ______________________________ 별로 친절하지는 않아요.

2. 가 : 굶으면 정말 살이 빠지나요?

   나 : ______________________________ 건강은 나빠져요.

3. 가 : 이 카메라의 장단점에 대해 말해 주세요.

   나 : ______________________________ 수리 센터가 많지 않아서 고장 나면 곤란해요.

4. 가 : 새로 이사 간 집이 어때요?

   나 : ______________________________ 주위 환경이 안 좋아요.

대화 연습

N을/를 막론하고

▶ 다음 대화에서 밑줄 친 부분을 위의 문형을 이용하여 바꿔 보십시오.

1.

다나카 : ....

2.

마이클 : ....

3.

사장님께서 회사 식당에서 식사를 하시네요?
네. 우리 회사 사람들은 모두 회사 식당에서 밥을 먹어요.

다나카 : ……………………………………………………………………

4.

축구를 안 하는 나라는 없지요?
네. 축구는 세계 어디서나 인기 있는 운동이에요.

마이클 : ……………………………………………………………………

32과 애완동물이 자식보다 낫다

대화 연습

A/V-다 A/V-다 하면서(도)

1. 가 : 지연 씨, 집들이했어요?
   나 : 아니요, ... 아직 못 했어요.

2. 가 : 의사 선생님 말씀대로 술을 끊었지요?
   나 : 아니요, ... 아직 못 끊었어요.

3. 가 : 마이클 씨는 이가 아프다면서 왜 병원에 안 간대요?
   나 : .... 바빠서 아직 못 갔대요.

4. 가 : 다나카 씨는 불만이 많다면서 아직도 그 회사에 다니고 있어?
   나 : .... 돈을 벌어야 하니까 그만둘 수 없대.

고작(해야), V-는 게 고작이다, N이/가 고작이다

1. 가 : 영화를 자주 봐요?
   나 : 아니요, ... 한 달에 한 번 봐요.

2. 가 : 운동 열심히 하고 있지요?
   나 : 아니요, 일주일에 ....

3. 가 : 첫 월급이 많았어요?
   나 : 아니요, ...

4. 가 : .... 씨가 맛있는 것 사 줬어요?
   나 : 아니요, ... 씨가 사 준 음식은 ....

어찌나 A/V-(으)ㄴ/는지

1. 가 : 동대문시장에 처음 가 봤지요? 어땠어요?

   나 : ______________________ 깜짝 놀랐어요.

2. 가 : 여행은 어땠어요?

   나 : ______________________ 다음에 꼭 다시 가 보고 싶을 정도였어요.

3. 가 : __________ 씨가 요리를 잘해요?

   나 : 네, ______________________ 요리사 같아요.

4. 가 : 그 사람과 있으면 왜 시간 가는 줄 몰라요?

   나 : ______________________ 시간 가는 줄도 모르겠어요.

34과 세대 차가 실감 나는구나

대화 연습

A-(으)ㄴ 감이 있다

1. 가 : 설날이 지났지만 할아버지 댁에 세배드리러 가야 하지 않아요?
   나 : 네, 좀 .... 가야 돼요.

2. 가 : 비싸다 비싸다 하면서도 결국 그 옷을 샀네?
   나 : 네, 좀 .... 꼭 입고 싶었기 때문에 그냥 샀어요.

3. 가 : 방학 때 여행 간다면서 벌써 기차표를 예매했어요?
   나 : 네, 좀 .... 미리 준비하는 게 좋잖아요.

4. 가 : 이 치마 내가 입기에 너무 짧지 않아요?
   나 : 네, 좀 .... 잘 어울리니까 괜찮아요.

N(이)야

1. 가 : 선생님께서 아끼시던 꽃병을 깨뜨렸는데 어떻게 하지요?
   나 : .... 다시 사면 되는데, 어디 다친 데 없니?

2. 가 : 대학원에 진학한다고 했는데 등록금이 비싸지 않아요?
   나 : .... 괜찮지만 공부가 더 걱정이에요.

3. 가 : 친구가 시험공부를 도와준다고 하는데 뭘 도와 달라고 할까?
   나 : .... 우리가 사전을 찾아보면 되니까 문법을 가르쳐 달라고 하자.

4. 가 : 손님은 계속 오시는데 술도 음식도 다 떨어졌으니 어쩌죠?
   나 : .... 사 오면 되지만 음식은 어떻게 하지?

N만 해도

1. 가 : 요즘 젊은 사람들은 키가 아주 큰 것 같아요.

   나 : 맞아요, ______________ 키가 170센티미터가 넘어요.

2. 가 : 올해 들어 가게마다 손님이 없다고 야단들이네요.

   나 : 네, ______________ 이렇게 손님이 없지는 않았어요.

3. 가 : 요즘 젊은이들은 맞벌이를 원한다면서요?

   나 : 네, ______________ 같이 맞벌이를 할 수 있는 신붓감을 찾고 있어요.

4. 가 : 애완동물을 기르는 가정이 많아졌지요?

   나 : 네, ______________ 대부분의 집에서 애완동물을 길러요.

A/V-더라고(요)

1. 가 : 살이 많이 빠졌네요.

   나 : 네, 운동을 열심히 하니까 ______________

2. 가 : 김 선생님께 연락했어요?

   나 : 연락을 했는데 ______________

3. 가 : 자원 봉사를 해 보니까 어때요?

   나 : 힘들지만 정말 ______________

4. 가 : 인사동에 가 봤어?

   나 : 응, 가 봤는데 ______________

35과 유럽에 배낭여행 갔다 왔다면서?

대화 연습

여간 A-(으)ㄴ N이/가 아니다, 여간 A/V-지 않다

1. 가 : 낙지볶음 먹어 봤어요?
   나 : 네, 먹어 봤는데 ______________________

2. 가 : 박 선생님은 어떤 분이세요?
   나 : 제가 오랫동안 알고 지냈는데 ______________________

3. 가 : 토니 씨가 한국말을 잘해요?
   나 : 네, ______________________

4. 가 : 한국에 와서 뭐가 힘들었어요?
   나 : 출근 시간에 사람이 많은 지하철을 타는 게 ______________________
   ____

A/V-기는(요), N은/는(요)

1. 가 : 시험이 쉬웠지요?
   나 : ______________________. 반밖에 못 풀었어요.

2. 가 : __________ 씨가 오늘도 늦게 왔지요?
   나 : ______________________. 제일 먼저 왔던데.

3. 가 : 냉장고에 맥주 열 병 있지?
   나 : ______________________. 두 병밖에 없는데요.

4. 가 : 이번에 장학금 받지?
   나 : ______________________. 지난 학기보다 성적이 더 안 좋아.

N에 지장이 있다[없다, 많다], V-는 데(에) 지장이 있다[없다, 많다]

1. 가 : 아르바이트를 시작했다던데, 공부는 괜찮아?
   나 : 아르바이트가 힘들기는 하지만 ……………………………………

2. 가 : 한국에 온 지 1년이 다 되었으니 한국말에는 문제가 없겠네요.
   나 : …………………………………… 강의 듣는 것은 아직도 힘들어요.

3. 가 : 내일 물이 안 나온대요.
   나 : 내일 물이 안 나오면 ……………………………………

4. 가 : 휴대 전화를 잃어버렸어요.
   나 : 휴대 전화를 잃어버려서 ……………………………………

N에 능통하다

1. 가 : 수미 씨가 외국어를 잘한다면서요?
   나 : 네, 수미 씨는 ……………………………………

2. 가 : 그분은 어떤 분야의 전문가입니까?
   나 : 그분은 …………………………………… 전문가입니다.

3. 가 : 이 컴퓨터 프로그램에 대해 누가 잘 알죠?
   나 : 마이클 씨가 …………………………………… 마이클 씨에게 물어봐.

4. 가 : 이제 나도 재테크를 해 보려고 하는데 누구한테 물어보면 좋을까?
   나 : …………………………………… 내 친구가 있는데, 소개해 줄까?

복습 8

I 다음에서 알맞은 단어를 찾아 문장에 맞게 쓰십시오. (1-18)

경로사상	고작	구체적	노후	능통하다	마르다	문의하다	물질적
보수적	불경기	세대 차	실감(이) 나다	쓸쓸하다	유산	의사소통	
이르다	증가하다	차라리	평소	풍요롭다	향상	활용하다	효과

1. 마늘이 암 치료에 (   )이/가 있다는 연구 결과가 나왔다.

2. 11시면 조금 (   )지만 배가 많이 고프니까 지금 점심 먹으러 가자.

3. 난 너무 (   ) 사람보다는 살이 좀 있는 사람이 더 좋아.

4. 일을 하다가 그만두면 (   ) 시작하지 않는 것보다도 못 하다.

5. 하루 종일 일하고 번 돈이 2만 원이 (   )(이)다.

6. 젊을 때 돈을 많이 저축해 두면 (   )에 편하게 지낼 수 있을 것이다.

7. 한국은 옛날부터 연세가 많은 분들을 존경하는 (   )이/가 있어 왔다.

8. 지금부터라도 더 열심히 공부하면 다음 시험에서 네 성적이 (   )될 거야.

9. 의학 기술이 발달해서 나이 많은 사람들의 수가 점점 (   ) 있다.

10. 우리 부모님은 젊은 사람들의 생각을 잘 이해해 주셔서 (   )을/를 별로 못 느낀다.

11. 친구가 군대 간다고 몇 달 전부터 말을 했지만 (   )지 않았다. 그런데 오늘 머리를 짧게 깎은 것을 보니 정말 (   )다.

12. 우리 아버지는 매우 (   )인 분이시라서 여자가 밤늦게 다니면 안 된다고 하시고, 결혼도 꼭 부모님이 허락하는 사람과 해야 한다고 하십니다.

13. 오늘은 늦어서 할 수 없이 택시를 탔지만 (   )에는 버스를 주로 이용한다.

14. 그 사람은 여러 나라를 돌아다니면서 살아서 무려 4개 국어에 (   )다.

15. 이 집은 아버지가 돌아가실 때 (   )(으)로 남겨 주신 것입니다.

16. 앞으로 어떻게 살 것인지 내 인생에 대해서 (   )(으)로 계획을 세워야겠다.

17. 궁금한 것이나 (   ) 것이 있으시면 사무실로 연락하시기 바랍니다.

18. 요즘 (   )(이)라서 장사도 안되고 수출도 안된다고 야단들이다.

II (   ) 안의 문형을 써서 대답해 보십시오. (19-29)

19. 가 : 주말에 비가 와도 산에 갈 거예요?
나 : 물론이죠. ....
(N을/를 막론하고)

20. 가 : 왜 안 먹어요? 맛이 없어요?
나 : ....
(A/V-다기보다는)

21. 가 : 어머니 선물로 꽃을 사는 게 어때요?
나 : ....
(V-느니 차라리)

22. 가 : 부모님으로부터 독립해서 사니까 어때요?
나 : 글쎄요, ...
(A/V-(으)ㄴ/는 반면에)

23. 가 : 부모님께 편지 쓰셨어요?

나 : 아니요, ...

(A/V-다 A/V-다 하면서(도))

24. 가 : 요즘 책 많이 읽어?

나 : ....

(V-는 게 고작이다)

25. 가 : 쓰기 시험 문제가 어땠어요?

나 : ....

(어찌나 A/V-(으)ㄴ/는지)

26. 가 : 벌써 비행기 표를 사?

나 : ....

(A-(으)ㄴ 감이 있다)

27. 가 : 요즘은 불경기라서 백화점에도 사람이 별로 없네요.

나 : ....

(N만 해도)

28. 가 : 학교 옆에 새로 생긴 노래방에 가 봤어요?

나 : ....

(A/V-더라고(요))

29. 가 : 철수 씨가 교통사고로 많이 다쳤어요?

나 : 네, 하지만 ....

(V-는 데(에) 지장이 있다[없다, 많다])

CD1 _ track 9

듣 기

I 다음 대화를 듣고 이어질 수 있는 말을 고르십시오. (1~3)

1. ① 다람쥐 쳇바퀴 돌듯 하는 생활이 싫어.
   ② 남녀노소를 막론하고 하는 일이 있어야 하거든.
   ③ 이 회사를 다니느니 차라리 다른 회사를 다니겠어.
   ④ 그런데 직장을 옮기는 일도 여간 신경 쓰이는 일이 아니야.

2. ① 이번 여행이 어찌나 재미있었는지 놀라요.
   ② 잘한다기보다는 간단한 회화를 하는 게 고작이지요.
   ③ 언어를 배우기가 힘든 반면에 도움이 많이 될 거예요.
   ④ 외국어를 배운다 배운다 하면서 항상 시간이 문제거든요.

3. ① 조금 늦은 감이 있지만 나도 배워야겠어요.
   ② 아버지께서 컴퓨터를 사 주시기까지 하셨어요.
   ③ 저희 할머니만 해도 인터넷으로 물건을 주문하시더라고요.
   ④ 컴퓨터를 할 줄 모르기는요. 그게 요즘 얼마나 필요한 건데요.

II 다음을 잘 듣고 질문에 답하십시오. (4~6)

4. ① 노인과 컴퓨터의 시대
   ② 고령화 사회가 된 이유
   ③ 고령화 사회와 노인 문제
   ④ UN이 정한 '세계 노인의 해'

5. ① 서울 여성은 항상 자화자찬을 한다.
   ② 서울 여성의 50% 이상이 담배를 피운다.
   ③ 서울 여성 100명 중에 10명은 술을 마신다.
   ④ 여자의 경우는 보고서의 내용과 그리 다르지 않다.

6. ① 남자는 부모님과 세대 차이를 느낀다.
② 여자는 남자의 옷차림에 대해 긍정적이다.
③ 남자는 여자가 자기를 이해하리라 믿었다.
④ 남자는 오늘 부모님 때문에 귀걸이를 못 했다.

Ⅲ 다음 내용을 잘 듣고 질문에 답하십시오. (7-8)

7. ① 우선 해야 할 일은 119에 신고하는 것이다.
② 심장 마비 환자는 5분 안에 인공호흡을 하면 안 된다.
③ 물에서 구해 낸 사람을 업고 병원으로 뛰어가야 한다.
④ 숨을 쉬는지 알기 위해 환자의 입 안을 확인해야 한다.

8. ① 

② 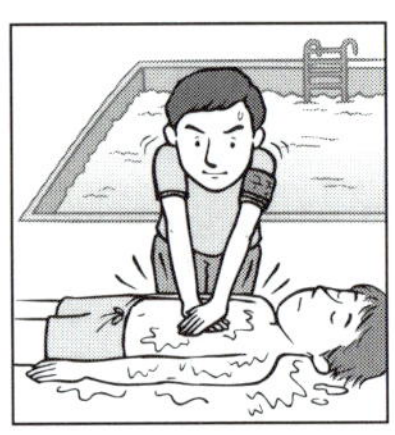
③ 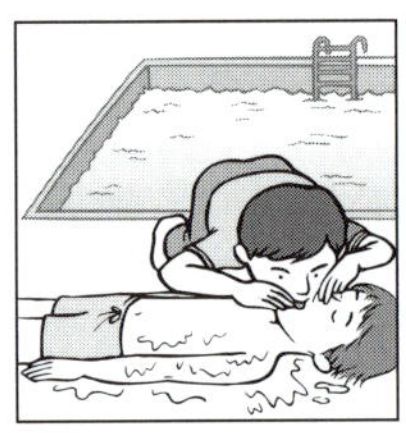
④ 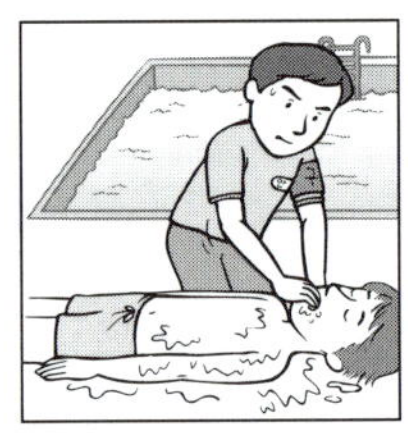

( ) - ( ) - ( ) - ( )

Ⅳ 다음 내용을 잘 듣고 질문에 답하십시오. (9-10)

9. 애완견을 등록하기 위해서는 ( ), ( ), ( ) 등을 써야 한다.

10. ....

읽 기

I 다음 글을 읽고 질문에 대답하십시오. (1-3)

의학 기술의 발달과 생활수준의 향상으로 고령 인구가 ㉠ .... 하고 있다. 그러나 핵가족화나 맞벌이 부부의 ㉡ .... 로 나이 드신 부모님을 돌볼 수 있는 자녀들은 부족한 상황이다. 따라서 홀로 노후를 보내는 외로운 노인 가정도 점점 많아지고 있다.

㉢ .... 우리 고유의 미덕으로 여기던 경로사상이 사라져 가면서 집 안의 어른으로 존경받던 노인들의 위치는 크게 흔들리고 있다.

1. ㉠, ㉡에 공통적으로 들어갈 단어를 쓰십시오.

2. 윗글에서 나온 단어 중 서로 관계가 없는 것을 하나 찾아보십시오.

① 고령 ② 노후
③ 맞벌이 부부 ④ 나이 드신 부모님

3. ㉢에 들어갈 말로 알맞은 것은 무엇입니까?

① 하여튼 ② 오히려
③ 차라리 ④ 더군다나

II 다음 글을 읽고 질문에 대답하십시오. (4-5)

며칠 전 서울 시내 지하철을 탔다. 그 열차는 '강원도 방문의 해'를 맞아 특별히 운행되는 환경 문화 열차였다. 각 객차에는 강원도를 알리는 문구와 숲으로 우거진 강원도의 관광 명소, 사계절의 사진이 붙어 있어서 강원도에 대한 정보를 자세히 알 수 있었다. 또 외국인을 위해 영어 설명과 인터넷 주소까지 쓰여 있었다. 출근·등교 시간의 지루함을 잊고 강원도의 자연환경을 잘 느낄 수 있어서 아주 좋았다.

4. 환경 문화 열차를 운행하게 된 목적은 무엇입니까?

5. 환경 문화 열차를 타면 좋은 점은 무엇입니까? 두 가지만 써 보십시오.

III 다음 글을 읽고 질문에 대답하십시오. (6-9)

1인 소비 양극화 현상

최근 소비 시장의 흐름이 변화하고 있다. 소득 수준이 높은 소비자는 비싼 물건을 사고 반대로 소득 수준이 낮은 소비자는 싼 물건을 사던 '소비 양극화 현상'이 '1인 소비 양극화 현상'으로 바뀌고 있는 것이다. '1인 소비 양극화'란 한마디로 자기의 취향에는 아낌없이 돈을 쓰지만 관심이 덜한 곳에는 될 수 있으면 돈을 쓰지 않는 것을 말한다.

예를 들어 와인에 특별한 관심을 가지고 있는 사람의 경우, 점심은 편의점에서 간단하게 해결해도 좋지만 와인을 살 때는 눈이 높아 까다롭게 고르는 것이다. 또 핸드백에 관심이 있는 여성의 경우, 핸드백은 비싼 명품을 사지만 옷은 시장이나 인터넷 쇼핑몰을 통해 싼 것을 산다.

이러한 '1인 소비 양극화'는 한국에서만 나타나는 현상은 아니다. 비슷한 현상이 일본과 미국 등에서도 나타나고 있다. 이들의 공통점은 알뜰한 소비를 하면서 한두 개의 제품은 명품 브랜드를 선택하는 것이라고 할 수 있다.

이러한 변화의 배경으로 경제 사정이 좋지 않은 점, 제품의 품질이 전체적으로 향상된 점, 명품을 사고 싶어하는 소비자들의 심리 등을 들 수 있다. 전문가들은 경제 사정이 좋지 않은 데다가 '웰빙(well-being)'과 같은 사회적인 분위기가 더해져 이러한 소비 패턴이 계속될 것으로 보고 있다.

6. '1인 소비 양극화 현상'이란 무엇입니까?

7. 윗글의 내용과 다른 것은 무엇입니까?
   ① '1인 소비 양극화'는 전 세계적인 현상이다.
   ② 예전에는 소득이 많은 소비자들만 비싼 물건을 샀다.
   ③ '1인 소비 양극화'는 곧 다른 소비 패턴으로 바뀔 것이다.
   ④ 요즘 소비자들은 값비싼 물건도 가치가 있다고 느끼면 산다.

8. '1인 소비 양극화 현상'이 나타난 원인은 무엇입니까? 세 가지를 쓰십시오.

9. 윗글을 참고로 하여 여러분 자신의 소비 형태에 대해서 이야기해 보십시오.

쓰 기

나의 인생 계획

1 인생을 살다 보면 나이에 맞게 꼭 해야 하는 일들이 있습니다. 그때 하지 않으면 안 되는 일에는 어떤 것들이 있을까요? 다음 표에 정리해 보십시오.

10대 	
20대 	
30대 	
40대 	
50대 	
60대 이후 	

11 여러분은 어떤 인생을 살고 싶으세요? 여러분이 생각하고 있는 인생 계획을 다음 표현을 이용하여 구체적으로 써 보십시오.

고령	증가하다	핵가족	노후	복지	기르다	황혼기

양로원 A/V-다기보다는 V-느니 차라리 A/V-(으)ㄴ/는 반면에

N에 지장이 있다[없다, 많다] 여간 A/V-지 않다

문법과 표현

1과

1) **A/V-(으)ㄹ 리가 없다**
▶ 그 친구가 이렇게 늦을 리가 없는데 이상하네.

2) **N에 의하면**
▶ 최근 논문에 의하면 화성에 생물이 살고 있다고 한다.

3) **A/V-(으)ㄹ지도 모르다**
▶ 오후에 비가 올지도 모르는데 우산을 가져가는 게 어때요?

4) **N을/를 챙기다**
▶ 학교 갈 시간이 다 되었는데 책가방 다 챙겼니?

5) **쓸데없다**
▶ 내가 쓸데없는 얘기를 해서 어머니가 걱정하시는 것 같아요.

2과

1) **N에게 V-도록 허락하다**
▶ 아버지께서 여행 가도록 허락해 주셨어요.

2) **V-아/어 달라고 부탁하다**
▶ 친구가 나에게 기차역으로 마중 나와 달라고 부탁했어요.

N을/를 부탁하다
▶ 여행사 다니는 친구에게 비행기 표 예약을 부탁했어요.

3) **A/V-(으)ㅁ**
▶ 어디에선가 그녀의 웃음소리가 들리는 것 같다.

4) **N 만에**
▶ 한국에 온 지 이틀 만에 취직했어요.

5) **A/V-(으)나**
▶ 친구를 한 시간 동안 기다렸으나 오지 않았다.

3과

1) **우물 안의 개구리**
▶ 세계 각국 사람들을 만나 보니 내가 그동안 우물 안의 개구리처럼 산 것 같아요.

2) **V-(으)려던 참이다**
▶ 나가려던 참인데 마침 친구가 왔어요.

3) **N마저**
▶ 오늘 떠나는 마지막 비행기마저 놓쳤으니 어쩌지요?

4) **A/V-(으)ㄹ 정도이다**
▶ 그 문제는 너무 어려워서 어른들도 잘 못 풀 정도래요.

A/V-(으)ㄹ 정도로
▶ 이제는 한국 사람과 농담을 할 정도로 한국말을 잘해요.

5) **생각하기에 따라(서)**
▶ 돈은 좋은 것일 수도 있지만 생각하기에 따라서 나쁜 것일 수도 있어요.

보기에[듣기에] 따라(서)
▶ 말이란 듣기에 따라서 오해를 할 수도 있어요.

4과

1) **A/V-(으)ㄹ 확률이 높다[낮다, 있다, 없다]**
▶ 담배를 안 피우는 사람은 암에 걸릴 확률이 훨씬 낮다고 합니다.

2) **N(이)라고는 N뿐이다**
▶ 먹을 거라고는 라면뿐이니 라면이라도 먹어야지요.

N(이)라고는 N밖에 없다[못 V]
▶ 냉장고에 마실 거라고는 물밖에 없다.

3) 골치(가) 아프다

▶ 저는 요즘 취직 문제로 골치가 아픕니다.

4) 구름[안개, 먼지]이/가 끼다

▶ 안개가 많이 낀 날은 특히 운전할 때 조심해야 해요.

5과

1) N에/에게 관심이 있다[없다]

▶ 영숙 씨가 그 사람에게 관심이 있으면 소개해 줄게요.

N에/에게 관심을 가지다

▶ 인류의 미래에 모두가 관심을 가진다면 과학은 더욱 발전할 것이다.

2) V-고도 남다

▶ 내 방은 다섯 명이 자고도 남을 정도로 넓어요.

3) V-(으)ㄹ 만큼

▶ 한국말로 생각할 수 있을 만큼 한국말을 잘하고 싶어요.

N만큼

▶ 나도 너만큼 수영을 잘했으면 좋겠다.

4) N-별(로)

▶ 지역별로 쓰레기를 수거하는 방법에 차이가 있어요.

5) A/V-지 않으면 안 되다

▶ 기차표를 예매하지 않으면 안 될 거예요.

6) N처럼 A/V-(으)ㄴ/는 N도 없다

▶ 민수 씨처럼 남의 일을 잘 도와주는 사람도 없어요.

6과

1) N을/를 줄이다[늘리다]

▶ 이 바지 길이를 줄여 주세요.

N이/가 줄다[늘다]

▶ 옷을 세탁기에 빨았더니 줄어서 못 입게 됐어요.

2) 반응을 얻다

▶ 그 광고는 사람들로부터 좋은 반응을 얻지 못했다.

3) 무엇[누구, 어디]보다도

▶ 제주도에 가게 되면 어디보다도 먼저 한라산에 올라가 볼 거예요.

4) V-다가는

▶ 이렇게 비가 오다가는 홍수가 날지도 몰라요.

5) N이/가 N(으)로 덮이다

▶ 산이 눈으로 덮여서 아름답다.

6) N이/가 나서다

▶ 그 일은 형님이 나서야 잘될 거예요.

7과

1) A/V-다면서(요)?

▶ 설악산은 단풍이 아름답다면서요?

N(이)라면서(요)?

▶ 취미가 낚시라면서요? 주말에 함께 낚시 갑시다.

2) A/V-다고 하더니

▶ 오늘 흐리겠다고 하더니 날씨가 아주 좋은데요!

3) A/V-(으)ㄴ/는 데다가

▶ 많이 걸은 데다가 점심을 못 먹어서 말할 힘도 없어요.

4) 한번 V-아/어 보기나 하다

▶ 하숙집을 옮기시려고요?

– 아니요, 좋은 방이 있다고 해서 한번 가 보기나 하려고요.

5) V-다 보면

▶ 한국 사람들을 만나다 보면 한국말을 잘할 수 있을 겁니다.

V-다 보니(까)

▶ 재미있게 얘기하다 보니 시간 가는 줄 몰랐어요.

6) 바가지(를) 긁다

▶ 결혼해서 살다 보면 바가지 긁을 일도 생겨요.

7) 그림의 떡

▶ 그 옷은 너무 비싸서 내겐 그림의 떡이에요.

8) 비행기(를) 태우다

▶ 그 말 정말이에요? 비행기 태우는 거 아니지요?

9) 눈(이) 빠지도록[빠지게] 기다리다

▶ 왜 이렇게 늦었어요? 눈 빠지게 기다렸잖아요.

8과

1) A/V-다/자/냐/라면서

▶ 한국말을 유창하게 잘한다면서 칭찬해서 기분이 좋았어요.

2) V-(으)ㄴ 것이 엊그제 같다

▶ 고등학교를 졸업한 것이 엊그제 같은데 벌써 10년이 지났네요.

3) 세월이 (쏜살같이) 빠르다[지나가다]

▶ 정신없이 일하다 보면 세월이 더 빨리 지나가는 것 같아요.

4) N(으)로 가득하다

▶ 부엌이 음식으로 가득한 걸 보니 손님이 오시는 모양이군요.

5) A/V-(으)/느냐든지 A/V-(으)느냐든지

▶ 저는 호텔을 예약할 때 아침 식사가 포함되느냐든지 운동 시설이 있느냐든지를 꼭 물어봐요.

A/V-았/었(느)냐든지 A/V-았/었(느)냐든지

▶ 방학 동안 여행을 갔었다고 했더니 재미있었냐든지 날씨는 좋았냐든지 여러 가지를 물었어요.

9과

1) N-롭다

▶ 나는 자유로운 새처럼 되고 싶어요.

2) 그랬더니

▶ 어머니가 나갔어요. 그랬더니 아이가 울기 시작했어요.

3) N을/를 A-게 여기다

▶ 내 말을 너무 기분 나쁘게 여기지 마세요.

N을/를 N(으)로 여기다

▶ 그분은 제 형을 제 동생으로 여긴 것 같아요.

4) V-는 관습[습관, 사고방식]

▶ 여자들만 집안일을 하는 관습은 고쳐야 해요.

5) A/V-더군(요)

▶ 아까 마이클 씨와 점심을 먹었는데 마이클 씨는 매운 음식도 잘 먹더군요.

10과

1) V-곤 하다

▶ 나는 가끔 피곤해서 버스에서 자곤 해요.

2) N(에) 들어와서

▶ 이번 달에 들어와서 청첩장을 세 장이나 받았어요.

3) N 덕분에[으로]

▶ 저는 부모님 덕분에 건강하게 공부하고 있습니다.

V-(으)ㄴ/는 덕분에[으로]

▶ 선생님이 도와주신 덕분에 잘하게 되었어요.

4) V-는 데(에) 열중하다[열중이다]

▶ 이야기하는 데에 열중해서 설명을 못 들었어요.

5) A/V-(으)ㄴ/는 경우가 (많이) 있다[없다]

▶ 옷이 생각보다 비싼 경우가 많이 있어요.

A/V-(으)ㄴ/는/(으)ㄹ 경우(에)(는)

▶ 혼자 쓰는 경우에는 하숙비를 더 내야 해요.

6) 비록 A/V-지만

▶ 이 집은 비록 오래되었지만 어려서부터 살아서 이사 가고 싶지 않아요.

7) V-아/어다(가)

▶ 도서관에서 책을 빌려다가 읽었어요.

8) N을/를 당하다

▶ 내 친구는 어제 교통사고를 당했어요.

11과

1) (N에 따라) N(에) 차이를 보이다[차이가 있다, 차이가 나다]

▶ 나이에 따라 사고방식에 차이를 보인다.

2) N 가운데

▶ 서울 시민 가운데 반 이상이 고향으로 내려갔어요.

3) A/V-(으)ㄴ/는 것으로 나타나다[조사되다]

▶ 강남 지역의 커피 값이 강북 지역에 비해 30% 비싼 것으로 나타났습니다.

4) N을/를 대상으로 조사하다[연구하다]

▶ 대학생들을 대상으로 원하는 직업을 조사했다.

5) A/V-(으)ㄴ/는 셈이다

▶ 이 자동차가 가격은 싸지만 기름이 많이 들기 때문에 저 자동차보다 비싼 셈이다.

6) A/V-(으)므로

▶ 서울은 주택이 부족하므로 아파트를 더 지어야 한다.

7) N을/를 시키다

▶ 누가 그 일을 시켰어요?

– 박 선생님께서 시키셨어요.

V-(으)라고 시키다

▶ 어머니는 나에게 약을 사 오라고 시키셨어요.

12과

1) A/V-(으)/느냐에 따라 다르다

▶ 여행 비용은 어디로 가느냐에 따라 다릅니다.

2) N-거리

▶ 집에 오는 길에 시장에 들러서 반찬거리를 샀다.

3) S-(으)나 S-(으)나

▶ 어머니들은 비가 오나 눈이 오나 자식들을 걱정하십니다.

4) A/V-(으)ㄹ 게 뻔하다

▶ 그 책의 제목을 보니 재미없을 게 뻔해요.

13과

1) N와/과 달리

▶ 한국은 우리나라와 달리 사계절이 있다.

2) N이/가 부럽다

▶ 나는 부자가 부럽다.

A/V-(으)ㄴ/는 것이 부럽다

▶ 나는 내 친구가 운동을 잘하는 것이 부러워요.

3) A/V-고말고(요)

▶ 우리 집에 오실 거예요?

– 그럼요. 가고말고요.

N(이)고말고(요)

▶ 시험에 합격했다니 기쁜 일이지요?

– 기쁜 일이고말고요.

4) 오히려

▶ 자동차를 타는 것보다 걷는 것이 오히려 빠르다.

5) 그렇다고 A/V-(으)ㄴ/는 것은 아니다

▶ 컴퓨터를 싸게 샀다. 그렇다고 성능이 나쁜 것은 아니다.

6) N만 A/V-아/어도 어딘데(요)

▶ 우리 집은 학교에서 가깝지만 교통이 불편해요.

– 거리만 가까워도 어딘데요.

14과

1) V-는 데(에) 몰두하다

▶ 영화 보는 데 몰두해서 전화 소리도 못 들었다.

N에 몰두하다

공부에 몰두하다 보니 이렇게 늦었는지 몰랐어요.

2) N에 중점을 두다

▶ 그 학생은 무엇보다도 학교생활에 중점을 둔다.

V-는 데(에) 중점을 두다

▶ 우리는 많은 글을 읽는 데 중점을 두고 가르친다.

3) V-는 사이(에)

▶ 마이클 씨는 남들이 노는 사이에 열심히 공부했어요.

4) N에 의해(서)

▶ 한국어 실력에 의해 급이 결정됐어요.

5) A/V-다/자/냐/라니까

▶ 내가 대공원에 간다니까 조카를 데리고 가라고 했어요.

15과

1) 불과 N 만에

▶ 한국말을 배운 지 불과 두 달 만에 한국 사람과 이야기를 하다니 놀랍군요.

2) N에 달하다

▶ 어제 그 가수의 공연을 보기 위해서 만 명에 달하는 관객이 모였다.

3) S-다고[라고] 밝히다

▶ 그 의사는 이 약이 심장병 예방에 도움이 된다고 밝혔다.

4) 일단 A/V-(으)면

▶ 일단 써 보면 얼마나 좋은지 알 수 있을 거예요.

5) A/V-다 하더라도

▶ 상황이 어렵다 하더라도 낙관적으로 생각하는 것이 좋아요.

6) 소용(이) 없다

▶ 옷이 마음에 들어도 몸에 맞지 않으면 소용이 없어요.

7) A/V-더니만

▶ 동생이 어제 늦게 자더니만 아침에 못 일어나는군요.

16과

1) A/V-(으)ㄴ/는 데(에) 반해

▶ 지하철은 빠르고 편해서 좋은 데 반해 사람이 많아서 불편해요.

2) N에 지나지 않다

▶ 그런 일은 꿈에 지나지 않는 것이니 잊어버리도록 해.

3) 아닌 게 아니라

▶ 한자는 어려워서 배우기가 힘들어요.
– 아닌 게 아니라 외국 사람한테는 어려울 거예요.

4) 몰라보게 V

▶ 제가 떠나 있는 동안 고향이 몰라보게 달라졌어요.

5) 그리 A/V-지 않다

▶ 학교에서 집까지는 그리 멀지 않아요.

6) A/V-(으)ㄴ/는 듯하다

▶ 어머니가 주무시는 듯해서 전화를 바꿔 드리지 않았어요.

A/V-(으)ㄹ 듯하다

▶ 날씨가 추울 듯해서 옷을 많이 입고 나왔어요.

7) V-(으)려고만 들다

▶ 컴퓨터는 배우려고만 들면 누구나 쉽게 배울 수 있습니다.

17과

1) N은/는 N 중의 하나이다

▶ 불고기는 외국인이 좋아하는 음식 중의 하나이다.

N은/는 N의 하나이다

▶ 연극은 공연 예술의 하나이다.

2) N에 N을/를 입다[신다, 쓰다]

▶ 이 옷에 어떤 구두를 신으면 좋을까요?

3) 손꼽아 기다리다

▶ 내 동생은 선물을 받으려고 크리스마스가 오기를 손꼽아 기다리곤 했어요.

4) N에 (가득) 차다

▶ 선생님의 말씀을 듣고 그 학생은 희망에 가득 찼다.

18과

1) N(이)(나) N(이)(나) 할 것 없이

▶ 그 영화를 보고 남자나 여자나 할 것 없이 모두 울었어요.

2) V-기에 좋다

▶ 우리 하숙집은 조용해서 공부하기에 좋아요.

19과

1) 마음만 먹으면

▶ 이번에는 성적이 올라갔구나.
- 저는 마음만 먹으면 뭐든지 잘할 수 있어요.

2) A/V-기는커녕

▶ 방학 동안 여행을 하기는커녕 매일 학교에 나와서 공부만 해야 했어요.

N은/는커녕

▶ 저는 떡국은커녕 밥도 제대로 못 먹었어요.

3) V-(으)ㄹ 수조차 없다

▶ 너무 피곤해서 움직일 수조차 없었어요.

V-기조차

▶ 걷기조차 힘들 만큼 다리가 아프다.

N조차

▶ 그 사람을 알기는커녕 만난 일조차 없어요.

4) A/V-(으)리라(고) 생각하다[믿다, 짐작하다]

▶ 선생님께서는 건강하게 잘 지내시리라 믿습니다.

5) N은/는 고사하고

▶ 그 친구한테서는 편지 자주 오니?
- 편지는 고사하고 전화도 한 통 없어.

6) V-는 한

▶ 정부의 도움이 없는 한 그 문제는 해결되기 어렵다.

7) N 당

▶ 여기는 주차료가 시간당 얼마예요?

20과

1) 기다렸다는 듯이

▶ 언니는 전화가 오자 기다렸다는 듯이 밖으로 뛰어 나갔다.

2) 주거니 받거니 하다

▶ 친구와 주거니 받거니 하며 이야기하느라고 밤이 새는 줄도 몰랐다.

3) V-(으)ㄴ 채(로)

▶ 자동차 안에 열쇠를 놓아 둔 채 문을 잠가 버렸어. 어떻게 하지?

4) V-노라면

▶ 자주 만나노라면 그 사람에 대해서 점점 더 알게 될 거야.

21과

1) (N에) 신경(을) 쓰다

▶ 성적에 너무 신경 쓰지 마. 열심히 하면 언젠가는 성적도 좋아질 거야.

2) N도 마

▶ 여행 가는 건 생각도 마! 시간도 없고 돈도 없다면서.

V-지도 마

▶ 지난번 여행에 대해서는 얘기하지도 마. 다시는 같이 안 갈 거야.

3) V-기가 무섭게

▶ 1시에 학교 수업이 끝나기가 무섭게 식당으로 달려간다.

4) V-아/어 대다

▶ 운동은 안 하고 매일 먹어 대니까 그렇게 살이 찌지.

5) V-는 바람에

▶ 갑자기 여행을 떠나는 바람에 연락을 못 받았어요.

6) N은/는 뒷전이다

▶ 일은 뒷전이고 매일 모여서 놀 생각만 한다.

N을/를 뒷전으로 하다

▶ 학생이 공부를 뒷전으로 하고 노는 데만 열중하면 어떡하니?

7) 당연히 A/V

▶ 밤에 늦게 자니까 아침에 당연히 피곤하죠.

A/V-(으)ㄴ/는 것은 당연하다

▶ 밤에 늦게 자니까 아침에 피곤한 건 당연하죠.

8) 믿음직[먹음직, 바람직]하다

▶ 아침에 일찍 일어나서 운동하고 직장에 가면 정말 바람직하겠지.

22과

1) N(으)로 인해(서)

▶ 그 전쟁으로 인해서 많은 사람들이 목숨을 잃었습니다.

2) A/V-아/어 봤자

▶ 지금 가 봤자 무슨 소용이 있어. 만날 수도 없을 텐데.

3) 아주 V

▶ 이번에 일본에 가신다고요? 아주 가세요?

4) N(에) 못지않게

▶ 동생이 형에 못지않게 운동을 잘해요.

5) 마지못해 V

▶ 마지못해 하는 일은 언제나 잘못되기 쉽지요.

6) N-(이)로구나

▶ 참, 오늘이 공휴일이로구나! 그것도 모르고 우체국에 왔네.

7) N에 불과하다

▶ 별로 대단한 일이 아니에요. 그저 누구나 할 수 있는 일에 불과할 뿐이에요.

23과

1) A/V-(으)ㄹ지 A/V-(으)ㄹ지

▶ 친구의 졸업 선물로 가방이 좋을지 구두가 좋을지 모르겠다.

2) N을/를 V-는 데 이용하다

▶ 비디오를 외국어 공부하는 데 이용하면 좋을 거예요.

N을/를 N에 이용하다[N에 N을/를 이용하다]

▶ 요즘은 병원 예약에도 컴퓨터를 이용합니다.

3) N을/를 통해(서)

▶ 지연이 생일 파티에 갈 수 없어서 민수를 통해 선물만 보냈다.

4) 안절부절못하다

▶ 가족들은 수술 결과를 안절부절못하며 기다렸다.

5) 한 N(이)라도 V-(으)면 (안 되다)

▶ 내가 준 책을 한 권이라도 잃어버리면 안 돼. 알았지?

24과

1) N(으)로(서)

▶ 그 회의에 기자로서 참석했어요.

N은/는 .... N(으)로(서)

▶ 추석은 한국인의 가장 큰 명절로서 많은 사람들이 고향을 찾는다.

2) N에 이르다

▶ 이 학교를 졸업한 학생들이 수백 명에 이르고 있다.

V-기에 이르다

▶ 과학의 발달로 달나라까지 여행 가기에 이르렀다.

3) N(이/에서)든지 N(이/에서)든지

▶ 불고기든지 비빔밥이든지 다 맛있어요.

A/V-든지 A/V-든지

▶ 싸든지 비싸든지 사야 합니다.

4) N이/가 N(으)로 나뉘다

▶ 한국이 남과 북으로 나뉘었어요.

5) N에 바탕을 두다

▶ 그 영화는 유명한 역사 소설에 바탕을 두고 만들어졌다.

6) N(이)라고 불리다

▶ 그 선생님은 무서워서 호랑이 선생님이라고 불립니다.

25과

1) 그러던 어느 날

▶ 할아버지는 날마다 나무로 인형을 만들었다. 그러던 어느 날 '피노키오'라는 작은 남자 아이를 만들게 되었다.

2) N-질

▶ 저는 다리미질을 잘 못해서 양복보다는 청바지를 좋아해요.

3) 두고 보다

▶ 두고 보자. 다음에는 꼭 내가 이길 테니까.

4) 정신(을) (못) 차리다

▶ 그렇게 고생을 했으면 이제 정신 차릴 때도 됐지.

정신(이) 없다

▶ 아침에 정신없이 나오는 바람에 숙제를 집에 놓고 왔네요.

26과

1) N을/를 무릅쓰고

▶ 그녀는 장애인이라는 어려움을 무릅쓰고 에베레스트 정상에 올랐다.

2) V-게 된 동기

▶ 한국말을 배우게 된 동기가 무엇입니까?

3) (N에/에게) N을/를 바치다

▶ 내 마음을 다 바쳐 사랑하고 있어요.

V-는 데(에) 일생을 바치다

▶ 다른 사람들을 돕는 데 일생을 바치는 것은 결코 쉬운 일이 아닙니다.

4) N이/가 다 뭐예요?

▶ 생일에 좋은 선물 받았어요?

– 선물이 다 뭐예요? 생일인 줄도 모르던데요.

A/V-(으)ㄴ/는 게 다 뭐예요?

▶ 어제 잘 잤어요?

– 자는 게 다 뭐예요? 모기 때문에 한잠도 못 잤어요.

5) V-겠다는 결심을 하다

▶ 그 사고를 당하고 수영을 배워야겠다는 결심을 하게 되었습니다.

6) N이/가 오죽하겠어(요)?

▶ 청소를 한 달이나 안 했으니 집이 오죽하겠어요?

27과

1) N(이)야말로

▶ 제주도야말로 한국을 대표하는 관광지입니다.

2) N-스럽다

▶ 민수 씨가 상 탄 걸 아시면, 부모님께서 얼마나 자랑스러워하시겠어요?

3) 무려

▶ 그 사고로 무려 10명이나 사망했대요.

4) N을/를 비롯하다

▶ 우리가 실천할 수 있는 환경 보호에는 분리수거를 비롯해서 여러 가지 방법이 있어요.

5) 무작정 V

▶ 계획도 없이 무작정 일을 시작하면 실패하기 쉽습니다.

6) V-아/어 버릇하다

▶ 어렸을 때부터 물건을 아껴 버릇해야 커서도 아껴 쓰게 됩니다.

28과

1) S-다고 야단(들)이다

▶ 물가가 많이 올랐다고 야단이에요.

A/V-아/어서 야단이다[야단났다]

▶ 오늘까지 이 일을 끝내야 하는데 컴퓨터가 고장 나서 야단이에요.

2) A/V-다느니 A/V-다느니 (하면서)

▶ 그 영화가 재미있다느니 재미없다느니 하면서 이야기하고 있다.

A/V-(으)/느니 A/V-(으)/느니 (하면서)

▶ 음식의 양이 적으니 많으니 말이 많다.

3) N에(도) 일리가 있다

▶ 잘 들어 보면 아이들 말에도 일리가 있어요.

4) V-는 수가 많다[있다]

▶ 작은 일에 너무 신경 쓰다가는 큰일을 못하는 수가 많다.

5) N을/를[이/가] N(으)로 취급하다[취급받다]

▶ 저를 너무 어린아이로 취급하지 마세요.

N을/를 취급하다

▶ 요즘은 우체국에서도 예금을 취급한대요.

29과

1) 인연이 있다[없다]

▶ 인연이 있으면 또 만나게 될 거예요.

인연이다/인연이 아니다

▶ 이렇게 같이 공부하게 된 것도 인연인 것 같아요.

2) A/V-아/어서는 안 되다

▶ 듣는 사람을 생각하지 않고 함부로 말해서는 안 된다.

3) A/V-았/었더라면

▶ 돈이 많았더라면 더 오래 여행할 수 있었을 텐데.

4) A/V-(으)ㄹ 줄 누가[어떻게] 알았겠어요?

▶ 복권이 당첨될 줄 누가 알았겠어요?

A/V-(으)ㄹ 줄이야

▶ 서울의 물가가 이렇게 비쌀 줄이야.

5) V-(으)ㄹ래야 V-(으)ㄹ 수(가) 없다

▶ 너무 매워서 먹을래야 먹을 수가 없었다.

30과

1) N(으)로 보나 N(으)로 보나

▶ 이 하숙집은 위치로 보나 하숙비로 보나 제 마음에 꼭 들어요.

2) N(으)로 손꼽히는 N

▶ 그 영화배우는 한국에서 최고의 배우로 손꼽히는 사람입니다.

3) N임에 틀림없다

▶ 불이 안 켜진 걸 보니 빈집임에 틀림없군요.

A/V-(으)ㄴ/는 게 틀림없다

▶ 잘 안 팔리는 걸 보니 값이 너무 비싼 게 틀림없다.

4) N에서 다섯[열] 손가락 안에 들다

▶ 이 회사는 우리나라에서 다섯 손가락 안에 들지요.

5) V-(으)ㅁ에 따라

▶ 시간이 지남에 따라 한국 생활도 익숙해졌다.

6) A/V-(으)ㄹ 전망이다[전망이 있다, 전망이 보이다]

▶ 한국이 곧 통일될 전망이 있습니까?

31과

1) N을/를 막론하고

▶ 그 영화를 보고 남녀노소를 막론하고 모두 울었어요.

2) A/V-다기보다는

▶ 아까 그 여자 아이 참 예쁘지요?
- 예쁘다기보다는 귀엽지요.

3) A/V-기까지 하다

▶ 그 집은 비싼 데다가 학교에서 멀기까지 하대요.

4) V-느니 차라리

▶ 이렇게 무시당하느니 차라리 회사를 그만두는 게 낫다.

차라리

▶ 오늘은 비가 많이 온다고 하는데 차라리 안 나가는 게 좋겠어.

5) A/V-(으)ㄴ/는 반면에

▶ 누구에게든 단점이 있는 반면에 장점도 있어요.

6) **살이 찌다[빠지다]**

▶ 살이 찌면 찔수록 건강에 도움이 안 돼요.

32과

1) **A/V-다 A/V-다 하면서(도)**

▶ 아프다 아프다 하면서 왜 병원에는 안 가니?

2) **얼굴(을/만) 내밀다**

▶ 그 모임에 하도 오래 참석하지 못해서 이제 얼굴 내밀기도 미안할 정도다.

3) **고작(해야)**

▶ 손님도 고작해야 다섯 명뿐인데 왜 그렇게 음식을 많이 준비하세요?

V-는 게 고작이다

▶ 한 달 열심히 일해서 받는 월급으로 하숙비 내는 게 고작이다.

N이/가 고작이다

▶ 그 일을 끝내느라고 밤새도록 잠도 못 자고 고생했는데 고맙다는 인사가 고작이다.

4) **어찌나 A/V-(으)ㄴ/는지**

▶ 날씨가 어찌나 추운지 5분도 서 있을 수 없다.

5) **N에(게) 마음을 붙이다**

▶ 무엇인가에 마음을 붙여 보세요. 그러면 매일 매일이 훨씬 재미있을 거예요.

V-는 데(에) 마음을 붙이다

▶ 애인이 떠난 후 아무 일에도 관심이 없더니 요즘은 사진 찍는 데에 마음을 붙여서 다행입니다.

34과

1) **A-(으)ㄴ 감이 있다**

▶ 좀 늦은 감이 있지만 더 늦기 전에 지금이라도 고맙다는 전화를 해야겠어요.

2) **N(이)야**

▶ 돈이야 벌면 되지만 건강은 잃으면 다시 찾을 수 없어요.

3) **N만 해도**

▶ 어제만 해도 날씨가 좋았는데 오늘은 비가 오네요.

4) **A/V-더라고(요)**

▶ 이 집 냉면 맛있어요?

\- 네, 지난번에 먹어 봤는데 맛있더라고요.

35과

1) **다람쥐 쳇바퀴 돌듯(이)**

▶ 현대인은 다람쥐 쳇바퀴 돌듯 날마다 같은 생활을 반복하죠.

2) **여간 A-(으)ㄴ N이/가 아니다**

▶ 여러 사람들이 같이 생활하는 것은 여간 어려운 일이 아니에요.

여간 A/V-지 않다

▶ 그 사람은 한국에 온 지 얼마 되지 않는데 한국말을 여간 잘하지 않아요.

3) **A/V-기는(요)**

▶ 영화 재미있었니?

\- 재미있기는. 너무 재미없어서 보다가 잤어.

N-은/는(요)

▶ 이거 새 옷이지요?

\- 새 옷은요. 언니가 입던 건데.

4) **N에 지장이 있다[없다, 많다]**

▶ 학교생활에 지장이 없는 취미 활동을 하고 싶어요.

V-는 데(에) 지장이 있다[없다, 많다]

▶ 컴퓨터가 고장 나면 일하는 데에 지장이 많다.

5) **N에 능통하다**

▶ 그분은 외국어에 능통하기 때문에 쉽게 취직이 됐어요.

듣기 지문

1과 - 4과 듣기 복습

I. 다음을 듣고 이어질 수 있는 말을 고르십시오. (1-3)

1. 나 이번 시험마저 잘 못 보면 고향으로 돌아가야 할지도 몰라요.
2. 친구들하고 여행 가기로 했는데 너도 갈 수 있지?
3. 주말에 제주도 가는 비행기 표 예매해 놓았지요?

II. 다음을 잘 듣고 질문에 답하십시오. (4-6)

4. 로봇 청소기는 사람의 힘이 필요 없이 집안 구석구석을 스스로 알아서 청소할 수 있어 청소기의 미래로 생각되고 있습니다. 그동안 대부분의 제품이 200만 원대를 넘어서 일반 가정에서는 그림의 떡이나 마찬가지였습니다. 하지만 최근 들어 40-60만 원대의 제품이 나오면서 일반 가정에서도 청소 로봇을 사용할 수 있게 되었습니다.

[문제] 이것은 무엇에 대한 이야기입니까?

5. 가 : 지연아, 지난여름 방학 때 해외 영어 캠프에 갔었지? 영어 캠프 어땠어? 우물 안의 개구리가 안 되려면 나도 가야겠다고 생각했는데.
   나 : 같이 간 다른 친구는 좋다고 했지만 나는 별로 좋지 않았어. 자유 활동이 너무 많아서 공부에 방해가 되었고, 한국 학생들이 많아서 영어 공부에도 그렇게 도움이 안 되었어.
   가 : 그러면 한국 학생이 별로 없고 자유 활동이 적어야 좋겠네.
   나 : 그렇지만 자유 활동이 너무 적으면 해외 캠프에 참가한 의미가 없어질 확률이 높을 거야.

[문제] 들은 내용과 일치하는 것을 고르십시오.

6. 직업을 구하기가 하늘의 별 따기인 요즘, 입사 시험에서 인터뷰가 점점 더 중요해지고 있다. 이에 한 회사에서는 '이렇게 하면 인터뷰에서 떨어진다'라는 제목으로 인터뷰에서 안 좋은 결과를 가져올지도 모를 나쁜 버릇의 예를 소개하였다.
   첫째, 말을 할 때 손으로 입을 막으면 불안해 보인다. 둘째, 인터뷰하는 동안 손을 계속해서 움직이면 자신감이 없어 보인다. 셋째, 인터뷰하는 사람의 눈을 보지 않고 아래를 보고 말하면 거짓말을 하는 것처럼 보인다. 마지막으로 얼굴이나 머리 위로 손을 올리면 많이 당황한 것처럼 보인다.

[문제] 인터뷰할 때 조심해야 하는 행동이 아닌 것은 무엇입니까?

III. 다음 내용을 잘 듣고 질문에 답하십시오. (7-8)

일상생활에서 지킬 수 있는 눈의 건강법에 대해 알아보자. 컴퓨터나 책을 오래 봐야 할 경우에는 다른 곳을 자주 본다. 지하철이나 버스를 탔을 때는 눈을 위, 아래, 오른쪽, 왼쪽으로 움직인다. TV를 볼 때는 불을 끄면 눈이 더 피곤해진다. 다음으로 간단하게 할 수 있는 눈 운동을 소개한다. 첫째, 눈을 감고 셋까지 센다. 둘째, 눈을 아주 크게 뜨고 셋까지 센다. 셋째, 위쪽을 보고 셋까지 센다. 넷째, 아래쪽을 보고 셋까지 센다.

7. 들은 내용과 일치하는 것을 고르십시오.
8. 눈 운동의 순서에 맞게 번호를 쓰십시오.

IV. 다음 내용을 잘 듣고 질문에 답하십시오. (9-10)

가 : 얼마 전에 신문에서 봤는데 말이야, 화성 여행에서 가장 골치 아픈 문제가 뭔 줄 아니?
나 : 글쎄, 비용이 아닐까?
가 : 그 신문에 의하면 인간의 몸에서 나오는 배설물

문제가 제일 심각하대.

나 : 배설물? 에이, 말도 안 돼.

가 : 아냐. 한번 들어 봐. 지구에서 화성까지 가는 데에만 2년이 걸리는데, 그동안 우주 비행사 한 명이 만들어 내는 배설물이 1톤이나 된다는 거야. 그러니 그 많은 걸 화성이나 지구까지 가지고 갈 수도 없고, 우주선 창밖으로 버릴 수도 없고…….

나 : 듣고 보니 문제는 문제구나! 하지만 과학자들이 해결 방법을 못 찾아낼 리가 없어.

가 : 그건 그래. 벌써부터 인간의 배설물로 에너지를 생산하거나 이용하는 방법을 연구 중이래.

9. 이 대화의 '배설물'에 대한 내용으로 옳지 않은 것을 고르십시오.

10. 빈칸에 알맞은 말을 쓰십시오.

5과 – 8과 듣기 복습

I. 다음을 듣고 이어질 수 있는 말을 고르십시오. (1–3)

1. 지난주에 선봤다면서요? 어땠어요?

2. 지하철역 앞에 새로 생긴 노래방에 가 봤어요?

3. 요즘 환경 문제가 정말 심각하다고 하는데 좋은 해결 방법이 없을까요?

II. 다음을 잘 듣고 질문에 답하십시오. (4–5)

4. 현재와 같이 지구의 기온이 점점 높아지는 온난화가 계속된다면 극지방의 빙하가 녹게 되고, 얼음이 녹은 물이 바다로 흘러가 2100년에는 바닷물의 높이가 지금보다 약 50cm 정도 올라갈 것이라고 합니다. 바닷물의 높이가 올라가면 바닷가의 낮은 지역이 물에 잠기게 되기 때문에 항구 도시와 바닷가의 땅들은 지도에서 없어지게 될 것입니다. 또 지구가 더워지면 물의 증발이 많아지게 되기 때문에 대부분의 지역에서는 물 부족 현상이 일어나게 될 것입니다.

[문제] 이것은 무엇에 대한 이야기입니까?

5. 가 : 책 사러 서점에 가야 하는데 같이 갈래요?

나 : 왜 인터넷 서점을 이용하지 않아요? 인터넷 서점을 이용하면 집에서 편안하게 책 정보를 얻을 수 있는 데다가 서점까지 가지 않아도 되기 때문에 시간이 절약되잖아요. 더군다나 책을 사면 10% 할인도 해 주고.

가 : 그렇지만 책을 받으려면 책이 오기를 눈 빠지게 기다리지 않으면 안 되고 배달 비용도 내야 하잖아요.

나 : 아니에요. 요즘은 책을 한 권만 사도 무료고 하루면 받을 수 있어요.

가 : 정말이에요? 그럼 그렇게 해 봐야겠네요.

[문제] 들은 내용과 일치하는 것을 고르십시오.

III. 다음 내용을 잘 듣고 질문에 답하십시오. (6–7)

가 : 민수야, 이게 뭐야? 너 아직도 분리수거를 안 하니?

나 : 응. 분리수거일은 매달 둘째, 넷째 월요일인데, 아르바이트 때문에 제시간에 버릴 수가 없어.

가 : 하지만 분리수거는 중요한 일이야. 여기 신문 좀 봐. 종이가 분해되어 자연으로 돌아가는 데 필요한 시간이 5개월이고 우유 팩은 5년이나 된대.

나 : 그렇게 시간이 많이 걸려?

가 : 그뿐만이 아니야. 담배 필터는 10년 정도 걸리고 일회용 컵은 담배 필터보다 10년이 더 걸린대. 더 놀라운 것은 콜라 캔은 500년이나 걸린다는 사실이야. 그런데 너처럼 지구의 미래를 생각한다는 사람이 분리수거를 안 하면 되겠어?

나 : 알았어. 알았어. 이제부터 잘할게.

6. 들은 내용과 일치하는 것을 고르십시오.

7. 들은 내용과 일치하는 그림을 고르십시오.

IV. 다음 내용을 잘 듣고 질문에 답하십시오. (8-9)

가 : 우리 아파트에 어린이들이 만든 '벼룩시장' 이 있다면서요?

나 : 네? '벼룩시장' 이요? 저는 처음 들어요. 거기서 뭘 파는데요?

가 : 뭐, 연필이나 공책 같은 학용품이나 장난감, 입다가 작아진 옷이나 신발 같은 것들을 싸게 판대요.

나 : 아이들이 파는 그런 물건을 사람들이 살까요?

가 : 처음엔 별로 반응을 얻지 못했는데, 요즘은 물건이 없어서 못 팔 만큼 인기래요. 아이들이 절약 정신을 배우게 되고, 또 경제 교육도 되고, 재활용도 되고, 무엇보다 이웃끼리 서로 알고 지내게 되었다면서 다들 좋아한대요.

나 : 그렇군요. 한번 가 봐야겠네요. 언제 열려요?

가 : 매달 셋째 주 토요일 오후래요. 다음번엔 우리도 한번 가 봐요.

8. 이 아파트의 '벼룩시장' 에서 팔지 않는 물건은 무엇입니까?
9. '벼룩시장' 이 좋은 반응을 얻는 이유가 아닌 것은 무엇입니까?

V. 다음 내용을 잘 듣고 질문에 답하십시오. (10)

10. 가 : 1년 동안 한국에서 살면서 가장 기억에 남는 일이 뭐예요?

나 : 글쎄요. 다 기억에 남지만 그중에서도 경주에 여행 갔던 일이 가장 기억에 남네요. 옛날 집이며 무덤이며……. 경주처럼 한국적인 도시도 없는 것 같아요. 사실 서울에 처음 도착했을 때 시내에 높은 빌딩뿐이라서 한국적인 문화를 느끼기 어려웠거든요.

[문제] 남자가 경주 여행이 가장 기억에 남는다고 말한 이유는 무엇입니까?

9과 – 12과 듣기 복습

I. 다음을 듣고 이어질 수 있는 말을 고르십시오. (1-3)

1. 요즘 고향에 있는 친구들하고 연락 자주 해요?
2. 지연 씨, 기분이 안 좋아 보이는데 무슨 일 있어요?
3. 가 : 우리 이 영화 보면 어떨까?

   나 : 글쎄, 제목을 보니 재미없을 게 뻔한데…….

II. 다음을 잘 듣고 질문에 답하십시오. (4-5)

4. '아침은 황제처럼 먹고 저녁은 거지처럼 먹어라.' 라는 속담이 있습니다. 저녁은 많이 먹으면 배가 나올 뿐이지만 아침 식사는 하루 동안 활동하는데 꼭 필요한 에너지가 되기 때문에 나온 말일 겁니다. 하지만 언제나 일에 쫓기는 직장인들이 아침 식사를 챙겨 먹는 것은 쉽지 않다 보니 부족한 영양을 저녁 식사로 보충할 때가 더 많습니다. 결국 속담과는 반대로 아침은 거지처럼 먹고 저녁은 황제처럼 먹게 되는 셈이지요.

[문제] 이것은 무엇에 대한 이야기입니까?

5. 가 : 김치를 여름에 담글 때와 겨울에 담글 때 방법이 다르다면서요?

   나 : 그럼요. 김장 김치와 다르게 여름 김치는 맵거나 짜지 않아야 맛있어요. 또 배추를 이용해서 담그기보다는 여름에 나는 야채를 이용하면 건강에도 좋아요.

   가 : 그래도 나는 배추김치가 제일 좋던데요.

   나 : 여름에는 배추가 별로 맛이 없기 때문이에요. 그래서 여름에 배추를 이용하는 경우에는 물김치로 만들어 먹지요.

[문제] 들은 내용과 일치하는 것을 고르십시오.

III. **다음 내용을 잘 듣고 질문에 답하십시오. (6-8)**

한국 청소년 10명 가운데 4명은 학교생활에 만족하지 못하고 있는 것으로 나타났습니다. 한국연구소가 최근 발표한 전국 272개 초·중·고교생 8,140명을 대상으로 한 조사 결과를 보면 다음과 같습니다.

학교생활에 만족하지 못하는 학생은 초등학생 12%, 중학생 44%, 고등학생 54% 등이고, 성별로는 남학생이 38%, 여학생이 41%였습니다. 학교생활 중 불만스러운 것으로는 벌 받는 일(60%), 선생님의 수업 방법(22%), 학교 시설(12%), 수업 내용(3%) 등의 순으로 나타났습니다.

6. 다음은 학교생활에 만족하지 못하는 학생에 대한 조사입니다. 맞는 그림을 고르십시오.
7. 학생들이 불만인 것과 일치하는 그림을 고르십시오.
8. 들은 내용과 일치하는 것을 고르십시오.

IV. **다음 내용을 잘 듣고 질문에 답하십시오. (9-10)**

가 : 배낭여행 간다면서 그렇게 자랑하더니 여행 잘 다녀왔어?

나 : 응. 여행은 아주 즐거웠는데 여행하다가 여권과 비행기 표, 여행자 수표와 돈이 들어 있는 가방을 잃어버려서 큰일 날 뻔했어.

가 : 정말 당황했겠구나. 그래서 어떻게 했어?

나 : 처음에는 좀 당황했는데, 여권은 쉽게 다시 만들었고 비행기 표도 그곳에 있는 항공사 지점에서 다시 받을 수 있었어. 그리고 수표는 번호를 미리 적어 두어서 문제가 없었고. 뭐, 현금은 어쩔 수 없었지만.

가 : 그랬구나. 해외여행 가서 수표나 현금을 잃어버리는 경우가 많다던데, 너도 고생 많이 했구나.

나 : 아냐. 같이 간 내 친구는 감기에 걸려서 여행 내내 굉장히 힘들어했는데, 거기에 비하면 난 고생을 하나도 안 한 셈이지, 뭐.

9. 들은 내용과 일치하지 않는 것은 무엇입니까?
10. 이번 배낭여행에 대해 남자는 어떻게 생각하고 있습니까?

13과 – 18과 듣기 복습

I. **다음 대화를 듣고 이어질 수 있는 말을 고르십시오. (1-3)**

1. 가 : 저녁에 일찍 집에 들어가요?
   나 : 아니요. 오늘은 친구들하고 식사하기로 했어요.
   가 : 평일에는 집에서 식사를 자주 안 하나 봐요.
2. 가 : 영미 씨 소식 들었어요?
   나 : 아니요. 무슨 일이 있어요?
   가 : 글쎄, 유학을 못 가게 됐다는데요.
3. 가 : 오늘 모임 있는 거 잊지 않았지요?
   나 : 그럼요. 내가 얼마나 기다리던 모임인데요.
   가 : 한 시간 뒤에 출발하면 될 듯하지요?

II. **다음을 잘 듣고 질문에 답하십시오. (4-5)**

4. 휴대 전화가 물에 빠졌을 때는 전원을 켜지 말고 배터리를 분리한 후에 바람이 잘 통하는 그늘에 두었다가 수리점에 맡겨야 한다. 특히 휴대 전화는 바닷물같이 소금기가 있는 물에 젖었을 경우는 최악의 상태가 될 수 있다. 또 뜨거운 여름철에 자동차 안에 휴대 전화를 오랫동안 둘 경우에는 기계가 제대로 작동하지 않을 수도 있다.

[문제] 이것은 무엇에 대한 이야기입니까?

5. 가 : '아침형 인간'이 뭐예요?
   나 : '아침형 인간'은 일찍 자고 일찍 일어나는 사람을 말해요. 아침에 일찍 일어나 활발한 활동을 함으로써 인생을 두 배로 가치 있게 살자는 거지요.
   가 : 그렇지만 아침에 잠이 많은 사람은 일찍 일어난다 하더라도 오히려 피곤함을 느껴서 일에 몰두할 수 없지 않을까요?
   나 : 그것은 아침 시간에 무엇을 할지 목표가 없기

때문이에요. 저도 처음에는 힘들었지만 노력하면 습관이 되어 괜찮거든요.

가 : 습관이 되기 전에 병이 나면 소용이 없을 것 같은데.

[문제] 들은 내용과 일치하는 것을 고르십시오.

III. 다음 내용을 잘 듣고 질문에 답하십시오. (6-7)

가 : 미연 씨, 연을 만들고 있네요?

나 : 아, 내일 연날리기를 하러 한강에 가려고 연을 만들고 있는 거예요.

가 : 저도 연날리기를 좋아하는데, 같이 가도 돼요?

나 : 물론이지요. 그럼 마이클 씨도 연을 만들어 보세요. 나는 네모 모양의 연을 만들 거니까 마이클 씨는 마름모 모양을 만들어 보세요. 여기 마름모 종이 가운데에 둥글게 구멍을 만드는 거예요.

가 : 그 다음에는요?

나 : 다 됐으면 이 대나무로 틀을 만들고 여기에는 꼬리를 만들어 붙이면 돼요. 바람이 불면 꼬리가 있는 연이 멋있거든요.

가 : 꼬리는 여기 여기 여기 세 개를 붙이면 되겠네요.

6. 들은 내용과 일치하는 것을 고르십시오.
7. 마이클이 만든 연은 어느 것일까요?

IV. 다음 내용을 잘 듣고 질문에 답하십시오. (8-9)

가 : 지연 씨, 목소리가 왜 그래요? 어디 아파요?

나 : 지난주에 일이 많아서 밤늦게까지 일하고 쉬지도 못 해서 감기에 걸린 것 같아요. 목도 아프고 목소리도 변한 데다가 두통에 열까지 나고 죽겠어요. 팔다리도 아파요.

가 : 큰일이네요. 일단 감기에 걸리면 병원에 가도 소용이 없다던데. 감기엔 뭐니 뭐니 해도 쉬는 게 제일이죠. 물도 많이 마시고 과일도 많이 드셔야 해요.

나 : 아닌 게 아니라 오늘부터는 좀 쉬려고요. 그래서 말인데, 이것 좀 저 대신 이 부장님께 전해 드릴 수 없을까요? 좀 일찍 가려고 하는데 부장님께서 안 보이시네요.

가 : 전해 드리고말고요. 뭐 더 도와줄 건 없어요?

나 : 괜찮아요. 고마워요.

8. 여자의 감기 증세가 아닌 것을 고르십시오.
9. 들은 대화 내용과 일치하지 않는 것을 고르십시오.

V. 다음 내용을 잘 듣고 빈칸에 알맞은 말을 쓰십시오. (10)

10. 최근 한 중매 회사의 조사에 의하면 여성들이 가장 원하는 신랑감의 직업은 공무원인 것으로 나타났습니다. 이는 경제 사정이 계속해서 나빠지면서 여성들이 안정적인 생활을 원하기 때문인 것으로 생각됩니다. 한편 남성의 60%, 여성의 80%가 결혼은 선택이라고 대답했습니다.

19과 - 22과 듣기 복습

I. 다음을 듣고 이어질 수 있는 말을 고르십시오. (1-3)

1. 민수 씨는 지난번에 소개받은 사람하고 자주 만난대요?
2. 그동안 공부를 안 하고 놀기만 한 것이 후회가 돼요.
3. 이렇게 더운 여름에 어떻게 하다가 감기에 걸렸어요?

II. 다음을 잘 듣고 질문에 답하십시오. (4-5)

4. 가 : 너 많이 피곤해 보인다.

나 : 요새 불면증 때문에 고생을 해서 그래. 아무리 자려고 해도 잠이 안 오거든.

가 : 낮잠을 많이 자는 거 아니야?

나 : 낮잠이라니? 낮에는 1분도 안 자. 뭐 좋은 방법 없을까?

가 : 그럼 이렇게 한번 해 보는 건 어떨까? 우선 커피나 콜라 같은 카페인 음료는 마시지 말고 규칙적으로 운동을 하는 거야. 그리고 따뜻한

물로 목욕을 하는 것도 도움이 될 거고.

가 : 나는 약을 한번 먹어 볼까 하는데.

나 : 약은 함부로 먹을 생각도 마. 먹더라도 꼭 의사와 상담을 하고 나서 먹도록 해.

[문제] 이것은 무엇에 대한 이야기입니까?

5. 가 : 지연 씨, 내일 등산 갈래요?

나 : 내일은 자원 봉사를 하는 날이라서 안 되는데요.

가 : 무슨 자원 봉사를 해요?

나 : 하루 세끼 밥도 제대로 먹을 수 없는 어려운 아이들에게 빵을 나누어 주는 일이에요. 자원봉사자들이 일주일에 세 번 아침 5시에 모여 빵을 만들어다가 아이들에게 나누어 주고 있어요.

가 : 좋은 일을 하시네요. 예쁜 지연 씨가 빵을 나누어 주면 아이들이 좋아하겠네요.

나 : 지금은 아이들과 친해져서 아이들이 나를 보기가 무섭게 "선생님!" 하며 달려오지만 처음에는 안 그랬어요. 빵을 받기는커녕 문조차 열어 주지 않았어요. 사회와 어른들에 대한 부정적인 생각이 강했거든요. 참, 영수 씨도 등산보다는 같이 봉사하러 가는 것이 바람직할 것 같은데, 어때요? 같이 아침 식사도 하고.

가 : 저에게 이렇게 예쁜 손으로 만든 빵을 먹어 볼 기회를 주신다면 당연히 가야지요.

[문제] 들은 내용과 일치하는 것을 고르십시오.

III. 다음 내용을 잘 듣고 질문에 맞는 번호를 쓰십시오. (6-7)

한국병원이 최근 고교생 1,000명을 대상으로 가지고 있는 질병에 대해 조사한 결과를 보면 다음과 같다. 공부에 가장 방해가 되는 몸의 질환으로는 응답자의 18%가 두통이라고 대답했다. 다음으로 코 질환이 12%이고, 많이 앉아 있거나 잘못된 자세로 앉아 있어서 생기는 허리의 문제는 8%였다. 또 컴퓨터를 보는 시간이 많아지면서 안약을 사용하고 있다는 응답자도 9%였다.

6. 공부에 가장 방해가 되는 질환은 어디에서 나타납니까?
7. 조사 결과 학생들이 가장 많이 가지고 있는 질환의 순서대로 번호를 쓰십시오.

IV. 다음 내용을 잘 듣고 질문에 답하십시오. (8-9)

가 : 한국에 오기 전에 한국 사람들은 술자리를 정말 좋아한다고 들었는데, 실제로 와서 보니까 그렇지도 않은 것 같아요.

나 : 몇 년 전만 해도 일 못지않게 술자리도 중요하다고 생각해서 술을 좋아하지 않는 사람들도 마지못해 술을 마시곤 했죠.

가 : 그런데 요즘은 많이 달라졌나 보죠?

나 : 네, 요즘 사람들은 자신의 건강에 신경을 많이 쓰고, 또 가족과의 시간을 중요하게 여기니까 술자리가 많이 줄었어요.

가 : 그렇군요. 이거 좀 실망인데요. 저는 술을 좋아해서 한국에 오면 술 마실 기회가 많으리라 생각했는데.

8. 들은 내용과 일치하는 것을 고르십시오.
9. 남자가 실망했다고 말한 이유는 무엇입니까?

V. 다음 내용을 잘 듣고 빈칸에 알맞은 말을 쓰십시오. (10)

10. 가 : 지영아, 너는 철수가 왜 여자들에게 인기가 있는지 알겠니?

나 : 음, 철수가 잘생기지는 않았지만 일단 일을 맡으면 끝까지 해내는 데다가 말도 많지 않고……. 어쨌든 믿음직하잖아.

가 : 그럼 여자들이 철수가 믿을 만한 사람이라서 좋아한다는 거야?

나 : 당연하지.

23과 - 26과 듣기 복습

I. 다음을 듣고 이어질 수 있는 말을 고르십시오. (1-3)

1. 신문사 취직 시험 결과를 어떻게 발표한대요?
2. 병원에서 검사 결과가 나왔다면서요?
3. 이번 여행을 하고 나서 어떤 생각을 했어요?

II. 다음을 잘 듣고 질문에 답하십시오. (4-5)

4. 저희 사이트에 무료 회원으로 가입만 하셔도 쇼핑몰에서 10% 할인받으실 수 있고, 영어 공부와 관련된 여러 가지 활동을 하실 수도 있습니다. 그러나 좀 더 체계적인 영어 공부를 하기 원하신다면 무료 회원으로 가입하신 뒤 멤버십에 추가로 가입하시면 월 20,000원으로 다양한 영어 강좌를 제한 없이 이용하실 수 있습니다.

[문제] 이것은 무엇에 대한 이야기입니까?

5. 가 : 요즘 백화점에 가면 에스컬레이터 주변, 계단 옆 등에 의자가 참 많죠?
   나 : 아, 남자들을 위한 '남자 마케팅' 말이군요.
   가 : 그게 뭐예요?
   나 : 백화점으로서는 남자들이 가장 신경 쓰이는 손님이지요. 특히 아버지 손님의 경우에는 두 가지 유형이 있는데, 하나는 가족이 구경하는 동안은 보이지 않다가 필요하면 나타나 무작정 계산만 하는 '계산형'과 '빨리 사고 가자'며 화를 내는 '안절부절형'이 있어요. 남편이 화를 내면 부인들 마음이 오죽하겠어요?
   가 : 아버지가 백화점에 오래 있게 하는 데 의자를 이용한다는 거군요.
   나 : 실제로 의자를 설치한 후 백화점 매출이 두 배가 되었다고 하니 의자는 가장 싸고 효과적인 마케팅 방법이 아니겠어요?

[문제] 들은 내용과 일치하는 것을 고르십시오.

III. 다음 내용을 잘 듣고 질문에 답하십시오. (6-7)

인천국제공항은 휴가철을 맞아 7, 8월 동안 서울시와 인천공항 사이를 오가는 리무진 버스의 운행 시간을 다음과 같이 바꿨습니다. 공항 리무진 버스의 경우 마지막 차의 운행 시간은 1시간씩 늦어지고 첫차 운행 시간은 30분씩 빨라집니다. 또 이용객의 편의를 위해 약국의 개점 시간도 현재의 오전 7시 30분에서 30분 빨라지고 폐점 시간은 1시간 늦은 오후 9시가 됩니다.

6. 다음 리무진 버스 시간표에 알맞은 시간을 써넣으십시오.
7. 약국의 영업시간을 써넣으십시오.

IV. 다음 내용을 잘 듣고 질문에 답하십시오. (8-9)

가 : 어젯밤 뉴스 봤어? PC방에서 게임을 하던 남자가 사망했대.
나 : 난 오늘 아침 뉴스를 통해서 알게 됐는데, 어떻게 그런 일이 있을 수가 있지?
가 : 비행기를 오래 탈 때와 마찬가지로 PC방에서도 게임에 몰두해서 한 자세로 오래 있게 되면 피가 굳어서 죽을 수도 있다나 봐. 그러니까 그런 경우를 예방하기 위해서 1시간마다 가벼운 운동을 해 줘야 한대.
나 : 난 이런 뉴스를 들으면 컴퓨터나 인터넷의 발달을 좋아해야 할지 싫어해야 할지 모르겠어.
가 : 그게 컴퓨터나 인터넷의 발달 때문이니? 다 사람들이 잘못 사용하니까 그런 거지. 하여튼 난 오늘부터 컴퓨터 사용 시간을 줄이겠다는 결심을 했어.
나 : 글쎄, 그 결심이 며칠이나 갈까?

8. 들은 내용과 다른 것은 무엇입니까?
9. 여자의 마지막 말에 대한 남자의 태도로 맞는 것은 무엇입니까?

V. **다음 내용을 잘 듣고 빈칸에 알맞은 말을 쓰십시오. (10)**

10. 가 : 주말에 영화 봤다면서? 어떤 영화였어?
나 : 남녀 차별이 심한 나라의 한 소녀가 부모의 반대를 무릅쓰고 유명한 축구 선수가 된다는 내용이었는데, 마지막 장면에서 그 소녀가 밝게 웃는 모습이 인상적이었어.
가 : 사람은 누구나 자기 적성에 맞고 자기가 하고 싶은 일에 일생을 바칠 때 행복할 수 있는 것 같아.

27과 - 30과 듣기 복습

I. **다음 대화를 듣고 이어질 수 있는 말을 고르십시오. (1-3)**

1. 가 : 아침 먹었어요?
나 : 아니요.
가 : 아침 식사 안 하면 배고프지 않아요?

2. 가 : 오늘 기분이 안 좋아 보이네요.
나 : 친구하고 싸워서 그래요.
가 : 친구와 뭣 때문에 싸웠어요?

3. 가 : 어제도 상당히 더웠지요?
나 : 네, 샤워를 몇 번이나 했는지 몰라요.
가 : 밤에 잠은 잘 잤어요?

II. **다음을 잘 듣고 질문에 답하십시오. (4-6)**

4. 부모들이 아이를 위해서 최선을 다하려고 노력하지만, 화가 날 때는 잘못이라는 것을 알면서도 아이에게 함부로 말하고 행동하게 될 때가 있습니다. 한창 예민하게 받아들이는 아이들은 부모의 말 한마디에 인생이 달라질 수도 있습니다. 자신의 판단 능력이 분명하지 않은 아이들이 비뚤어지게 자라는 것은 100% 부모의 책임입니다. 아이들은 부모가 하는 말과 행동을 그대로 보고 배우게 되므로 부모는 늘 자신의 말과 행동에 주의를 기울여야 합니다.

[문제] 이것은 무엇에 대한 이야기입니까?

5. 가 : 여기 신문 좀 봐. 직장인들이 상사 때문에 생긴 스트레스를 푸는 방법을 조사했네!
나 : 어디? '일을 잘못 처리하여 상사를 곤란하게 만든다' 30%, '상사가 화를 낼 만큼 업무에 대해 끊임없이 질문을 한다' 25%, '주위 사람들에게 상사를 칭찬하면서 은근히 단점을 말한다' 14.1%, '그냥 참는다'도 16%나 되네.
가 : 김 대리는 상사하고 문제가 생겼을 때 어떻게 하겠어?
나 : 잘못하다가는 사이가 더 나빠지는 수도 있으니까 참아야지 뭐. '참는다'는 응답이 16%나 있는데.

[문제] 들은 내용과 일치하는 것을 고르십시오.

6. 가 : 요즘 밤에 한강 근처에 가 본 적 있어?
나 : 글쎄, 없는 것 같은데. 그건 왜?
가 : 응, 서울시에서 한남대교를 비롯한 대부분의 한강 다리에 조명 시설을 설치했는데, 한강의 야경이 더 아름다워졌다고 사람들이 좋아한대.
나 : 그래? 한강의 분위기가 좋아진 걸 미리 알았더라면 좋았을 텐데……. 그럼 지난번 데이트 때 거기 갔을 거고, 그랬으면 인연이 아니니까 헤어지자는 말은 안 들었을 테니까.

[문제] 이 대화 내용과 일치하지 않는 것은 무엇입니까?

III. **다음 내용을 잘 듣고 질문에 답하십시오. (7-8)**

가 : 너도 이 가방을 들고 있네?
나 : 왜? 이 가방을 들면 안 되니?
가 : 그게 아니고 최근 미국 여성들 사이에서 이 가방이 인기가 있다고 하더라.
나 : 그래. 요즘 여성의 사회생활이 활발해짐에 따라 여성스러움을 강조하는 작고 둥근 모양 대신 실용적이고 활동성을 중요하게 여기는 가방이 유

행이래.

가 : 그래서 크기도 크고 네모 모양이구나. 서류도 들어가고 노트북도 넣을 수도 있고.

나 : 그것만이 아니지. 일하는 엄마들을 위해 아기 기저귀나 아기용품도 넣을 수 있게 만들었대.

7. 들은 내용과 다른 것을 고르십시오.
8. 이야깃거리가 되고 있는 가방은 어떤 모양입니까?

IV. 다음 내용을 잘 듣고 질문에 답하십시오. (9-10)

가 : 이제부터 회사 내에서는 담배를 피울 수 없대요. 2층에 있던 흡연실도 없앤다는데 정말 잘됐죠?

나 : 그렇지만 무작정 못 피우게 한다고 흡연 문제가 해결될까요? 이렇게 갑자기 회사 안에서 담배 피우면 안 된다고 정해 버리면 그동안 담배를 피워 오던 사람들은 어떻게 하라는 거예요?

가 : 이 기회에 끊으면 되잖아요. 나도 끊었는데 담배가 얼마나 건강에 나쁜 줄 알아요?

나 : 나도 그건 알아요. 하지만 신체적인 건강 못지않게 정신적인 건강도 중요하잖아요. 나는 담배를 피우면 스트레스가 풀리거든요.

가 : 물론 지연 씨 말에도 일리는 있지만 스트레스를 푸는 방법이 담배밖에 없는 건 아니잖아요. 흡연에 대한 지연 씨와 나의 입장이 이렇게 다를 줄 몰랐어요.

9. 이 대화를 통해 알 수 없는 것은 무엇입니까?
10. 빈칸에 알맞은 말을 써넣으십시오.

31과 - 35과 듣기 복습

I. 다음 대화를 듣고 이어질 수 있는 말을 고르십시오. (1-3)

1. 가 : 요즘 회사 일 때문에 골치가 너무 아파서 그만두고 싶은 마음뿐이야.

   나 : 그럼 그만두고 다른 직장을 구하면 되잖아.

2. 가 : 이번 방학에도 여행 다녀왔어요?

   나 : 네, 한 달 동안 유럽을 여행했어요.

   가 : 민석 씨는 여러 나라 말에 능통하니까 참 좋겠어요.

3. 가 : 지금 바빠 보이네요.

   나 : 아니에요. 초등학교에 다니는 조카한테 이메일을 보내려고요.

   가 : 요즘은 컴퓨터를 할 줄 모르는 사람이 없는 것 같아요.

II. 다음을 잘 듣고 질문에 답하십시오. (4-6)

4. 21세기는 노인과 컴퓨터의 시대가 될 것이라고 한다. 실제로 UN에서 1999년을 '세계 노인의 해'로 정한 것은 그만큼 지구촌 인구의 고령화와 이에 따른 노인 문제를 심각한 문제로 여겼기 때문이다. 일반적으로 65세 이상의 노년 인구 비율이 7%를 넘으면 고령화 사회, 14%를 넘으면 고령 사회라고 부른다. 그런데 문제는 고령화 사회에서 고령 사회로 넘어가는 데 걸리는 시간이 점점 짧아지고 있다는 것이다. 이에 따라 노인 문제도 더욱 빠르게 진행될 수 있으므로, 노인 문제를 해결하기 위한 복지 제도나 다양한 서비스 프로그램을 확실하게 만들어 나가야 할 것이다.

[문제] 이것은 무엇에 대한 이야기입니까?

5. 가 : 여기 '서울 여성'이라는 제목으로 보고서가 나왔는데 읽어 봤어요?

   나 : 어떤 내용이에요?

   가 : 서울 여성은 평균 28세에 결혼해서 0.9명의 자녀를 낳고, 서울 여성 100명 중 4명이 담배를 피우고 여성의 절반 이상은 술을 마시며, 100명 중 10명은 영어로 의사소통이 가능하고, 18명은 직장 생활에서 성 차별을 크게 느끼고 있다는군요.

   나 : 이거 내 얘기네요. 28세에 결혼하고 아이가 한 명이고 영어를 잘하고.

   가 : 자화자찬이 심한 감은 있지만 일리는 있네요.

술, 담배를 하고 항상 성 차별이라고 불평하는 것도 그렇고.

[문제] 들은 내용과 일치하는 것을 고르십시오.

6. 가 : 지연아, 넌 부모님과 세대 차이가 난다고 느낀 적 없니?
나 : 왜 없어? 당연히 있지. 그런데 갑자기 그건 왜?
가 : 아니, 어제 내가 드디어 귀걸이를 했거든. 멋있지 않으냐고 부모님께 자랑했더니 아버지께서 남자가 무슨 귀걸이냐면서 화를 내시는 거야. 어머니도 귀걸이 빼지 않으면 밖에 못 나갈 줄 알라고 하시고. 그래서 오늘 귀걸이를 못 하고 나왔어.
나 : 네가 머리를 노란색으로 바꾸었을 때보다 더 놀라신 모양이네. 그런데 내가 봐도 넌 좀 심한 감이 있어. 머리도 그렇고 옷도 그렇고. 꼭 그렇게 해야만 멋있다고 생각하는 건 아니지?
가 : 어른들이야 나이 차이가 있으니까 어쩔 수 없다지만 너까지 날 이해하지 못할 줄이야. 이거 좀 섭섭한데.

[문제] 들은 대화의 내용과 일치하지 않는 것을 고르십시오.

III. 다음 내용을 잘 듣고 질문에 답하십시오. (7-8)

여름철 수영장 안전 교육을 시작하겠습니다. 물에 빠진 사람을 발견하면 즉시 밖으로 꺼냅니다. 그리고 병원까지 업고 뛰지 말고 119에 신고하십시오. 119 구조대가 올 때까지 환자의 상태를 확인합니다. 환자가 숨을 쉬고 있는지 확인하려면 환자의 코와 입에 직접 귀를 대고 숨소리를 들어야 합니다. 만약 호흡을 하고 있지 않으면 인공호흡을 실시합니다. 우선 인공호흡에 지장이 없도록 입 안을 먼저 확인하고 음식물 등이 있는 경우에는 손으로 빼냅니다. 그러고 나서 환자의 입에 공기를 불어 넣어 줍니다. 다음 단계로, 두 손을 환자의 가슴 아랫부분에 올려놓고 눌러 줍니다. 특히 이 방법은 심장 마비 후 5분 안에 하면 생명을 살릴 수 있는 여간 중요한 방법이 아닙니다.

7. 들은 내용과 일치하는 것을 고르십시오.
8. 다음 그림을 보고 내용과 맞게 순서대로 쓰십시오.

IV. 다음 내용을 잘 듣고 질문에 답하십시오. (9-10)

가 : 준석 씨, '애완견 등록제'라고 들어 봤어요?
나 : '애완견 등록제'라니요? 그게 뭔데요?
가 : 요즘 애완동물을 키우는 사람이 많잖아요. 그중에서도 강아지를 키우는 사람들이 많은데, 애완견을 키우는 사람이 강아지의 종류, 생년월일, 보호자의 주소 등을 시청이나 구청 등에 신고해서 등록증을 받는 거래요.
나 : 아, 말하자면 강아지들의 신분증이군요. 그런데 그걸 왜 만든대요?
가 : 요즘 사람들이 애완견을 자꾸 버리기 때문이래요. 처음에 별 생각 없이 강아지를 데려와서 기르다가 강아지가 아프거나 귀찮아지면 버리는 경우가 여간 많지 않대요.
나 : 그렇군요.

9. 빈칸에 알맞은 말을 써넣으십시오.
10. 애완견 등록제를 실시하는 이유는 무엇입니까?

정 답

1과 인류의 미래에 대해 생각해 본 적이 있어요?

대화 연습 [모범 답안] 14

A/V-(으)ㄹ 리가 없다

1. 집에 있을 리가 없어요.
2. 시험을 못 봤을 리가 없어.
3. 비가 올 리가 없어요.
4. 고장 났을 리가 없어.

A/V-(으)ㄹ지도 모르다

1. 돌아갈지도 몰라요.
2. 안 떠났을지도 몰라요.
3. 춘천에 갈지도 몰라요.
4. 늦게 들어올지도 몰라.

쓸데없다

1. 쓸데없이 에어컨을 왜 켜?
2. 쓸데없이 소문이 났어.
3. 쓸데없는 생각하지 마세요.
4. 쓸데없는 소리 하지 말고 시험공부나 열심히 해요.

N에 의하면

1. ✎ 일기 예보에 의하면 오늘은 맑은 후 구름이 많아진다고 한다.
   ✎ 일기 예보에 의하면 오늘 최고 기온은 24도라고 한다.
2. ✎ 신문 기사에 의하면 내달부터 국제선 요금이 4.1-10% 오른다고 한다.
   ✎ 신문 기사에 의하면 인천-로스앤젤레스 노선의 경우 이코노미석이 2,823,000원에서 2,964,200원으로 오른다고 한다.

2과 단군이 조선을 세웠어요

대화 연습 [모범 답안] 16

N에게 V-도록 허락하다

1. 컴퓨터를 사용하도록 허락하셨어요.
2. 퇴원하도록 허락하실 거예요.
3. 쓰도록 허락해 주셨어.
4. 부엌을 쓰도록 허락해 주셨어요.

V-아/어 달라고 부탁하다

1. 가르쳐 달라고 부탁해 보세요.
2. 빌려 달라고 부탁하세요.
3. 가 달라고 부탁하려고요.
4. 열어 달라고 부탁하세요.

A/V-(으)ㅁ

1. 얼음
2. 꿈
3. 느낌
4. 그림

N 만에

1. 15분 만에 다 했어요.
2. 3년 만에 공부를 마치고 돌아왔어요.
3. 7년 만에 사장이 되었대요.
4. 한 달 만에 벌써 고장이 났네요.

3과 우물 안의 개구리가 될 거예요

대화 연습 [모범 답안] 18

V-(으)려던 참이다

1. 나가려던 참이에요.
2. 시작하려던 참이에요.
3. 보여 주려던 참이었어요.
4. 이야기하려던 참이었어요.

N마저

1. 택시마저 안 오잖아.
2. 친구마저 고향에 돌아가서 심심해요.
3. 선풍기마저 고장 났어요.
4. 컴퓨터마저 고장 나서 나도 지금 일을 못 하고 있어요.

A/V-(으)ㄹ 정도이다, A/V-(으)ㄹ 정도로

1. 생각될 정도로
2. 자동차가 못 다닐 정도로
3. 눈물이 날 정도였어요.
4. 걸릴 정도예요.

생각하기에 따라(서), 보기에[듣기에] 따라(서)

1. 보기에 따라
2. 생각하기에 따라
3. 보기에 따라
4. 듣기에 따라서

4과 비 올 확률이 높지 않아요

대화 연습 [모범 답안] 20

A/V-(으)ㄹ 확률이 높다[낮다, 있다, 없다]

1. 오늘 비 올 확률이 높지 않대요.
2. 5년 안에 집을 살 확률이 낮지요.
3. 우승할 확률이 높을 거예요.
4. 치료 약이 없으니까 병이 나을 확률이 아주 낮아요.

N(이)라고는 N뿐이다

N(이)라고는 N밖에 없다[못 V]

1. 내가 만들 수 있는 음식이라고는 김치찌개뿐이에요.
2. 가 본 곳이라고는 서울밖에 없어요.
3. 지금 가지고 있는 돈이라고는 천 원밖에 없는데.
4. 한국 영화라고는 한 편밖에 못 봤어요.

골치(가) 아프다

1. 골치가 아프고
2. 골치 아파하세요.
3. 골치가 아파요.
4. 골치 아프겠네요.

구름[안개, 먼지]이/가 끼다

1. 먼지가 끼면
2. 구름만 많이 끼고
3. 안개가 많이 껴서
4. 안개도 많이 끼고

복습 1 (1-4과)

어휘와 문법 22

I 1. 학자 2. 세워 3. 질병 4. 야외 5. 임금
6. 실용화 7. 사업 8. 쓸데없는 9. 공통적
10. 평균 11. 소원 12. 비관적 13. 캄캄한
14. 유지해 15. 관객 16. 신화 17. 실렸는데
18. 실패, 실패

II [모범 답안]

19. 실패할 리가 없어요.
20. 신문에 의하면 보아가 나온대요.
21. 친구에게 읽어 달라고 부탁할까요?
22. 네, 결혼한 지 1년 만에 아기를 낳았대요.
23. 경험을 많이 할 수 있어서 좋으나 외로워서 안 좋을 때도 있어요.
24. 숙제하려던 참이었어요.
25. 지갑을 잃어버리고 열쇠마저 없어서 친구 집에서 잤어.
26. 네, 밥 먹을 시간도 없을 정도로 바빴어요.
27. 점심시간이니까 식당에 있을 확률이 높아요.
28. 제가 할 수 있는 운동이라고는 축구밖에 없어요.
29. 회사에 골치 아픈 일이 생겼어요.

듣 기 25

1. ④ 2. ① 3. ② 4. ③ 5. ③ 6. ④ 7. ②
8. ①-③-②-④ 9. ③ 10. 골치, 해결

읽 기 28

1. 땅 2. ② 3. 우물 안의 개구리 4. ② 5. ③
6. 끊임없이 7. ① 8. ④

5과 환경 문제에 관심이 많아요

대화 연습 [모범 답안] 32

V-고도 남다

1. 모두가 먹고도 남겠어요.
2. 한 달 동안 살고도 남지요.
3. 책 한 권을 다 보고도 남으니까
4. 앉고도 남을 거예요.

V-(으)ㄹ 만큼

1. 수영 대회에 나갈 만큼 잘해요.
2. 그 가수 노래를 모르는 사람이 없을 만큼 유명해요.
3. 주말마다 볼 만큼 좋아해요.
4. 서로 비밀이 없을 만큼 친해요.

A/V-지 않으면 안 되다

1. 따로 버리지 않으면 안 돼요.
2. 나가지 않으면 안 돼요.
3. 가지 않으면 안 돼요.
4. 돌려주지 않으면 안 돼요.

N처럼 A/V-(으)ㄴ/는 N도 없다

1. 재미있는 사람도 없어요.
2. 싸고 좋은 곳도 없어요.
3. 경치가 아름다운 곳도 없어요.
4. 연기를 잘하는 사람도 없거든요.

6과 일회용품의 사용을 줄입시다

대화 연습 [모범 답안] 34

N을/를 줄이다[늘리다], N이/가 줄다[늘다]

1. 반찬 수를 줄일게요.
2. 많이 줄었다는 것입니다.
3. 많이 늘었어요.
4. 늘리면 돼요.

무엇[누구, 어디]보다도

1. 무엇보다도 디자인
2. 무엇보다도 맛있는 음식
3. 어디보다도 제주도
4. 누구보다도 친한 친구

V-다가는

1. 그렇게 빨리 운전을 하다가는
2. 그렇게 안 먹다가는
3. 매일 컴퓨터만 하다가는
4. 매일 택시를 타고 오다가는

N이/가 N(으)로 덮이다

1. 단풍으로 덮여
2. 눈으로 덮여 있다.
3. 꽃으로 덮인다.
4. 집이 먼지로 덮여 있다.

7과 선봤다는 소문을 들었어

대화 연습 [모범 답안] 36

A/V-다고 하더니

1. 도서관에 간다고 하더니
2. 동생이 자신 있다고 하더니
3. 내년에 결혼하겠다고 하더니
4. 바빠서 안 가겠다고 하더니

A/V-(으)ㄴ/는 데다가

1. 시험을 잘 못 본 데다가
2. 교통이 좋은 데다가
3. 바쁜 데다가
4. 노래도 잘하는 데다가

V-다 보면

1. 음식에 관심을 갖고 많이 만들다 보면 잘 만들게 될 거예요.
2. 운동을 계속하다 보면 건강해질 거예요.
3. 라디오에서 나오는 뉴스를 계속 듣다 보면 잘 알아들을 수 있을 거예요.
4. 살다 보면 익숙해질 거예요.

V-다 보니(까)

1. 같은 반에서 공부하다 보니
2. 외국 여행을 많이 하다 보니까
3. 친구들과 노래방에 자주 가다 보니까
4. 집에 일이 있어서 전화를 많이 하다 보니

8과 한국말을 잘한다면서 칭찬해요

대화 연습 [모범 답안] 38

A/V-다/자/냐/라면서
1. 장학금을 받았다면서 한턱냈어요.
2. 주말에 야외 공연을 보러 가자면서 전화했어요.
3. 왜 아깝게 밥을 버렸냐면서 화를 내셨어요.
4. 선생님께서 한번 읽어 보라면서 빌려 주셨어요.

N(으)로 가득하다
1. 책으로 가득해서
2. 한자 단어로 가득해서
3. 싸고 좋은 물건들로 가득해서
4. 먼지로 가득하다.

A/V-(으)/느냐든지 A/V-(으)/느냐든지
1. 월급을 얼마나 받느냐든지 지금 사귀는 사람이 있느냐든지
2. 언제 출발하느냐든지 자리는 어디가 좋으냐든지
3. 개를 키우느냐든지 식사는 어떻게 할 거냐든지
4. 왜 그 회사에 들어오고 싶으냐든지 영어를 잘하느냐든지

A/V-았/었(느)냐든지 A/V-았/었(느)냐든지
1. 날씨가 어땠냐든지 하숙집 음식이 어땠냐든지
2. 어디에 가 봤느냐든지 무엇을 샀느냐든지
3. 언제부터 가르치기 시작하셨느냐든지 결혼하셨느냐든지
4. 음식이 맛있었냐든지 불편한 점은 없었냐든지

복습 2 (5-8과)

어휘와 문법 40

I 1. 실천하는 2. 덜어 3. 습관 4. 절약해 5. 종류 6. 싫증 7. 수준 8. 분리수거 9. 반응 10. 편의 11. 일회용품 12. 늘 13. 덮여 14. 칭찬하는 15. 식 16. 엊그제 17. 유창하 18. 다행이

II [모범 답안]

19. 그럼요, 방이 커서 침대를 놓고도 남을 거예요.
20. 네, 이야기도 안 할 만큼 사이가 나빠졌어요.
21. 이 모임은 중요한 모임이라서 참석하지 않으면 안 돼요.
22. 그럼요. 지연 씨처럼 마음씨가 착한 사람도 없을 거예요.
23. 그렇게 자주 결석하다가는 진급할 수 없을 거야.
24. 다나카와 마이클이 싸웠다면서요?
25. 저 사람이 미영 씨 남자 친구라면서요?
26. 결혼하면 집안일을 모두 하겠다고 하더니 결혼하니까 설거지도 안 해요.
27. 고향 친구를 만난 데다가 선물도 받았거든요.
28. 글쎄요, 여행사에 한번 전화해 보기나 하세요.
29. 왜 빌려 준 돈을 안 갚느냐면서 화를 냈어요.

듣 기 43

1. ④ 2. ② 3. ③ 4. ④ 5. ④ 6. ③ 7. ② 8. ①
9. ④ 10. 한국적인 문화를 느낄 수 있어서

읽 기 45

1. ③ 2. ④ 3. ③ 4. ④ 5. 손의 사용과 건강
6. 의하면 7. ① 주먹 박수, 머리, 어깨 ② 손등 박수, 허리 ③ 손바닥 박수, 내장

9과 친한 친구도 가족처럼 생각해요

대화 연습 [모범 답안] 50

그랬더니
1. 이번 주에 바빠서 만날 수 없다고 했어요
2. 내가 아주머니에게 아주 젊어 보이신다고 했어요
3. 약을 먹고 많이 쉬었어요
4. 매일 교과서 테이프를 따라 읽었어요

N을/를 A-게 여기다, N을/를 N(으)로 여기다
1. 인간관계를 중요하게 여겨요.
2. 어머니의 사랑으로 여겨 봐.
3. 농담으로 여기면 안 돼요.
4. 좋은 경험으로 여겨요.

V-는 관습[습관, 사고방식]
1. 친척들이 다 모여서 특별한 음식을 해 먹는

2. 저는 운전을 할 때 라디오를 듣는
3. 저는 늦게 일어나는
4. 돈이면 뭐든지 다 된다는

A/V-더군(요)

1. 설악산 경치가 정말 좋더군요.
2. 배우도 연기를 잘하고 진짜 재미있더군요.
3. 책을 사야 한다면서 나가더군요.
4. 잠깐 보겠다면서 가져가더군요.

10과 백성들의 도움으로 살아나곤 했대요

대화 연습 [모범 답안] 52

V-곤 하다

1. 사진을 보거나 전화를 하곤 해요.
2. 혼자서 영화를 보러 가곤 해요.
3. 사우나에 가곤 해요.
4. 말타기 놀이를 하며 놀곤 했어요.

N 덕분에[으로], V-(으)ㄴ/는 덕분에[으로]

1. 하숙집 아주머니 덕분에
2. 장학금 덕분으로
3. 친구가 우산을 빌려 준 덕분에
4. 설명을 잘해 준 덕분에

A/V-(으)ㄴ/는 경우가 (많이) 있다[없다]

1. 메일이 안 오는
2. 네 엄마가 너인 줄 알고 이야기한 경우가 많았어.
3. 물을 너무 많이 주면 죽는 경우가 있어요.
4. 세일을 하면 시장보다 싼 경우가 있어요.

A/V-(으)ㄴ/는/(으)ㄹ 경우(에)(는)

1. 자리가 없을 경우에는
2. 길을 잃을 경우에는
3. 마음에 안 드실 경우에는
4. 기계가 고장이 날 경우에는

V-아/어다(가)

1. 슈퍼마켓에서 사다가 먹어요.
2. 만들어다가 준 거야.
3. 알아다가 가르쳐 줄게요.
4. 저녁에 찾아다 놓을게요.

11과 지역에 따라 차이를 보였습니다

대화 연습 [모범 답안] 55

A/V-(으)ㄴ/는 셈이다

1. 마이클이 다 먹은 셈이네요.
2. 박 선생님이 다 내신 셈이네요.
3. 비싼 셈이라고 말하잖아요.
4. 공항 안에만 있었다면 안 간 셈이지요.

N을/를 시키다, V-(으)라고 시키다

1. 엄마가 방 청소를
2. 그러면 농구를 시키면
3. 언니가 집에 올 때 꽃을 사 오라고
4. 엄마가 우체국에 가서 편지를 부치라고 많이

(N에 따라) N(에) 차이를 보이다[차이가 있다, 차이가 나다]

1. ✎ 상품에 따라 기간에 차이를 보인다.
   ✎ 여행 기간에 따라 요금에 차이를 보인다.
2. ✎ 강의에 따라 모집 인원에 차이를 보인다.
   ✎ 강의에 따라 강의일에 차이를 보인다.

A/V-(으)ㄴ/는 것으로 나타나다[조사되다]

1. ✎ 남자가 여자보다 인터넷을 이용하는 시간이 더 많은 것으로 나타났다.
   ✎ 나이가 많아질수록 인터넷을 덜 이용하는 것으로 조사됐다.
2. ✎ 주말에는 여행이든 외식이든 가족과 함께 한다는 사람이 가장 많은 것으로 나타났다.
   ✎ 집에서 주로 TV 시청 등으로 게으르게 보내고 있다는 사람도 19%나 되는 것으로 조사됐다.

12과 어떻게 생각하느냐에 따라 다르지

대화 연습 [모범 답안] 58

A/V-(으)/느냐에 따라 다르다

1. 타고 가느냐에 따라 달라요.
2. 넣느냐에 따라 김치 맛이 달라요.
3. 잘 보느냐에 따라 다르지.

4. 얼마나 많으냐에 따라 다릅니다.

N-거리

1. 웃음거리
2. 이야깃거리
3. 안줏거리
4. 반찬거리

S-(으)나 S-(으)나

1. 시간이 있으나 없으나 참석해야 돼요.
2. 지위가 높으나 낮으나 모두 유니폼을 입어요.
3. 손님이 있으나 없으나 24시간 문을 열어요.
4. 제가 집에 있으나 없으나 항상 제 걱정을 하세요.

A/V-(으)ㄹ 게 뻔하다

1. 맛이 없을 게 뻔하니까
2. 안 좋을 게 뻔해.
3. 오늘도 늦게 올 게 뻔해.
4. 안 간다고 할 게 뻔해.

복습 3 (9-12과)

어휘와 문법 60

I 1. 흥미로운 2. 자랐어요 3. 관습 4. 당할 5. 추억 6. 여길 7. 대해 8. 함부로 9. 열중하 10. 결국 11. 안정된다 12. 보도 13. 대상 14. 나타났 15. 근로자 16. 제도 17. 생계 18. 끊이

II **[모범 답안]**

19. 제 말을 농담으로 여기지 마세요.
20. 친구들과 입학시험에 대해 이야기하곤 했어요.
21. 선생님이 도와주신 덕분에 쉽게 해결했어.
22. 비록 어렵지만 열심히 하고 싶어요.
23. 그러면 도서관에서 빌려다가 읽으세요.
24. 학원에 따라 학원비에 차이가 날 거예요.
25. 1시간 공부하면 적게 공부하는 셈이에요.
26. 어니에서 사느나에 따라 달라요.
27. 바쁘나 안 바쁘나 회의에는 꼭 참석해야 해요.
28. 방 값이 아주 싼 걸 보니 방이 작을 게 뻔해요.

듣 기 63

1. ③ 2. ④ 3. ④ 4. ④ 5. ① 6. ③ 7. ② 8. ② 9. ② 10. ④

읽 기 65

1. ③
2. ① 아저씨가 친구끼리 같은 방을 쓰지 않는 것을 이상하게 생각하는 이유
   ② 친한 친구와 가족처럼 방을 같이 쓸 수 있다는 생각
3. (ㄱ) 밖에 (ㄴ) 밖에 (ㄷ) 이나
4. (다)
5. M 영화관 – 적어도 일주일 전에 예약해야 한다.
   C 영화관 – 예약자가 영화관에 와서 표를 빨리 찾아야 한다.
6. ③ 7. ④

13과 아빠가 밥을 해 준다고 놀려요

대화 연습 [모범 답안] 70

N와/과 달리

1. 한국과 달리 장마가 없어요.
2. 다른 날과 달리 사람이 많지 않았어요.
3. 저와 달리 노래를 좋아하지 않아요.
4. 지난 하숙집과 달리 주인아주머니가 음식을 잘 챙겨주세요.

오히려

1. 점수는 오히려 더 나빠요.
2. 오히려 더 어려워지네요.
3. 오히려 건강이 나빠졌어요.
4. 오히려 남자들이 요리에 관심이 많은 것 같아요.

그렇다고 A/V-(으)ㄴ/는 것은 아니다

1. 그렇다고 모두 알아듣는 것은 아니에요.
2. 그렇다고 청소를 안 하는 것은 아니에요.
3. 그렇다고 시험을 잘 못 본 것은 아니에요.
4. 그렇다고 우리가 연락도 안 하는 것은 아니에요.

N만 A/V-아/어도 어딘데(요)

1. 거리만 가까워도 어딘데요.
2. 와 주기만 해도 어딘데요.
3. 선풍기만 있어도 어딘데
4. 반만 받아도 어딘데요

14과 한국어 가르치는 데에 더 몰두하게 돼요

대화 연습 [모범 답안] 72

V-는 사이(에)

1. 네가 잠자는 사이에
2. 선생님이 안 보시는 사이에
3. 내가 학교에 가 있는 사이에
4. 나도 모르는 사이에

A/V-다/자/냐/라니까

1. 오늘은 숙제가 없다니까
2. 결혼하자니까
3. 뭐 할 거냐니까
4. 밥 먹으라니까

N에 의해(서)

1. ✎ 학생들의 희망에 의해서 태권도반이 가을 학기부터 새롭게 시작된다.
   ✎ 학생들의 요구에 의해서 1층 휴게실에 탁구대가 마련되었다.
2. ✎ 배치 고사 성적에 의해서 급이 정해진다.
   ✎ 급별로 학생 수에 의해서 반 수가 결정된다.

15과 약도 좋지만 쉬는 게 제일이야

대화 연습 [모범 답안] 74

불과 N 만에

1. 불과 1시간 만에 다 팔렸어요.
2. 불과 하루 만에 다 읽었어요.
3. 불과 20분 만에 다 풀었어요.
4. 불과 한 달 만에 잃어버렸대요.

일단 A/V-(으)면

1. 일단 들어 보면
2. 일단 열이 오르면
3. 일단 공연이 시작되면
4. 일단 일을 시작하면

A/V-다 하더라도

1. 건강이 안 좋다 하더라도
2. 다시 읽어 본다 하더라도
3. 손님이 없다 하더라도
4. 아무리 열심히 한다 하더라도

A/V-더니만

1. 아침에는 날씨가 맑더니만
2. 어제 많이 먹더니만
3. 어렸을 때부터 수영을 잘하더니만
4. 지난번에는 잘하더니만

16과 미리 연락을 하면 달려가 발이 되겠습니다

대화 연습 [모범 답안] 76

N에 지나지 않다

1. 그냥 취미에 지나지 않아요.
2. 그냥 친구에 지나지 않아요.
3. 우리 아이는 평범한 아이에 지나지 않아요.
4. 소문에 지나지 않아요.

그리 A/V-지 않다

1. 그리 멀지 않아요.
2. 그리 복잡하지 않아요.
3. 그리 놀라지 않으셨어요.
4. 그리 많지 않은 듯해요.

A/V-(으)ㄴ/는 듯하다, A/V-(으)ㄹ 듯하다

1. 오실 듯해요.
2. 합격한 듯해요.
3. 잘 맞을 듯하니까
4. 만난 듯하기는 한데

A/V-(으)ㄴ/는 데(에) 반해

1. ✎ 콘도 사용료는 회원은 싼 데 반해 비회원은 비싸다.
   ✎ 평수가 작으면 싼 데 반해 평수가 크면 비싸다.

2. ✎ 축구의 규칙 '오프사이드'에 대해 정확하게 이해하는 사람이 여성은 59%인 데에 반해 남성은 55%였다.

✎ 남자들은 유니폼을 보고 어느 팀인지 잘 아는 데 반해 여자들은 그리 잘 알지 못하는 것으로 나타났다.

17과 설날은 큰 명절 중의 하나예요

대화 연습 [모범 답안] 79

N은/는 N 중의 하나이다

1. 먹는 음식 중의 하나예요.
2. 명절 중의 하나예요.
3. 큰 도시 중의 하나예요.
4. 한국 전통 옷 중의 하나인데

N에 N을/를 입다[신다, 쓰다]

1. 노란 스웨터에 회색 치마를 입으신
2. 운동모자를 쓰면 좋을 것 같네요.
3. 꽃무늬 원피스에 흰 구두를 신고
4. 청바지에 운동화를 신고

손꼽아 기다리다

1. 설날을 손꼽아 기다렸어요.
2. 내가 돌아갈 날을 손꼽아 기다리고 계세요.
3. 월급날을 손꼽아 기다리지요.
4. 남자 친구가 돌아오기를 손꼽아 기다리고 있어요.

N에 (가득) 차다

1. 기대에 찬 얼굴들이었어요.
2. 실망에 차서 요즘 말도 안 해요.
3. 기쁨에 차 있었어요.
4. 슬픔에 차서

18과 윷놀이는 아이나 어른 할 것 없이 다 좋아해요

대화 연습 [모범 답안] 81

N(이)(나) N(이)(나) 할 것 없이

1. 아이나 어른이나 할 것 없이 모두 좋아해요.
2. 지하철이나 버스나 할 것 없이 사람이 많아요.
3. 한국인이나 외국인이나 할 것 없이 비빔밥을 좋아하는 사람이 많아요.
4. 남자 여자 할 것 없이

V-기에 좋다

1. 갖고 다니기에 좋아요.
2. 학교 다니기에 좋아요.
3. 아이들이 읽기에 좋아요.
4. 공부하기에 좋거든요.

복습 4 (13-18과)

어휘와 문법 82

I 1. 맞벌이 2. 시무룩하 3. 표정 4. 편견
5. 부러우 6. 몰두하 7. 저절로 8. 임무 9. 대개
10. 폭 11. 일단 12. 스스로 13. 최신
14. 경고했다 15. 위력 16. 자원하 17. 차례
18. 매겨

II [모범 답안]
19. 그럼요. 제일 맛있고말고요.
20. 그렇다고 연락을 안 하는 것은 아니에요.
21. 고마워요. 청소만 도와줘도 어딘데요.
22. 친구와 이야기하는 데 몰두해서 몰랐어요.
23. 음식이 너무 늦게 나왔다니까 돈을 안 받았어요.
24. 회의에 의해서 결정될 거예요.
25. 화가 난다 하더라도 참아야지요.
26. 어제 기침을 많이 하더니만 감기가 심해졌나 봐.
27. 비행기는 빠른 데 반해 요금이 비싸니까 잘 생각해 보세요.
28. 아니에요. 누구나 할 수 있는 일에 지나지 않아요.
29. 네, 알고 있는 듯해요.

듣 기 85

1. ④ 2. ③ 3. ③ 4. ③ 5. ③ 6. ④ 7. ① 8. ②
9. ④ 10. 안정적, 선택

읽 기 87

1. ② 2. 봉사받고 싶어하는 장애인의 수 3. ③ 4. ④
5. ④ 6. ① 7. 시각적, 매출

19과 마음만 먹으면 생명을 구할 수 있어요

대화 연습 [모범 답안] 92

A/V-기는커녕, N은/는커녕

1. 잘 쉬기는커녕
2. 저금을 많이 하기는커녕
3. 술을 끊기는커녕
4. 예습하기는커녕

V-(으)ㄹ 수조차 없다, V-기조차, N조차

1. 눈물조차 안 나왔어요.
2. 서 있기조차 힘들어요.
3. 친구를 만날 수조차 없어요.
4. 말 한마디조차 할 수 없었어요.

V-는 한

1. 수술을 하지 않는 한
2. 약속을 하지 않는 한
3. 의사의 처방이 없는 한
4. 회원으로 가입하지 않는 한

A/V-(으)리라(고) 생각하다[믿다, 짐작하다]

1. 새로운 치료법이 암 치료에 효과가 있으리라 생각하십니까?
   네, 앞으로 많은 암 환자들의 생명을 구하는 데 도움이 되리라 믿습니다.
2. 감독님, 작년에는 아깝게 지셨는데 이번 시합은 우승하리라 생각하십니까?
   많은 연습을 했으니까 좋은 결과가 있으리라 생각합니다.

20과 누가 한잔 사겠다고 안 하나?

대화 연습 [모범 답안] 95

기다렸다는 듯이

1. 준석이가 기다렸다는 듯이 자기가 사겠다고 했어.
2. 기다렸다는 듯이 불러요.
3. 친구들이 기다렸다는 듯이 한턱내라고 했거든.
4. 기다렸다는 듯이 자기를 도와 달라고 해서 그래.

주거니 받거니 하다

1. 술잔을 주거니 받거니 하다가
2. 이야기를 주거니 받거니 하면서
3. 이메일을 주거니 받거니 해요.
4. 한국 친구와 한국말로 이야기를 주거니 받거니 하면서

V-(으)ㄴ 채(로)

1. 열쇠를 집에 둔 채로
2. 교과서를 학교에 둔 채로
3. 뚜껑을 안 닫은 채로
4. 신발을 신은 채

21과 어느 쪽이든 일장일단이 있을 거야

대화 연습 [모범 답안] 97

N도 마, V-지도 마

1. 말도 마
2. 말도 하지 마
3. 그런 생각은 하지도 마
4. 그런 부탁은 하지도 마

V-아/어 대다

1. 매일 술을 마셔 대더니
2. 밤마다 울어 대서
3. 쓸데없이 전화만 해 대서요.
4. 바보라고 놀려 대서요.

V-는 바람에

1. 집에 일이 생기는 바람에
2. 노트북을 잃어버리는 바람에

3. 비싼 선물을 사는 바람에
4. 떨어뜨리는 바람에

당연히 A/V, A/V-(으)ㄴ/는 것은 당연하다

1. 인기가 많은 것은 당연하지.
2. 당연히 몸이 좋아지지.
3. 고장 나는 것은 당연해.
4. 당연히 일어나기 힘들지요.

22과 하고 있는 일이 적성에 안 맞아?

대화 연습 [모범 답안] 99

A/V-아/어 봤자

1. 시간이 걸려 봤자
2. 혼자서 먹어 봤자
3. 말해 봤자
4. 지금 전화해 봤자

N(에) 못지않게

1. 동생도 언니 못지않게
2. 8월 못지않게
3. 서울에 못지않게
4. 한국 사람에 못지않게

N에 불과하다

1. 작은 정성에 불과하니까
2. 쉽게 할 수 있는 일에 불과해요.
3. 이건 간식에 불과해요.
4. 그건 꿈에 불과하니까

N(으)로 인해(서)

1. 산불은 갑자기 불어 닥친 강한 바람으로 인해서 큰불로 번졌다.
   산불로 인해서 농가 수십 채가 탔으나 인명 피해는 없었다.
2. 한 백화점의 에스컬레이터 사고로 인해서 노인 한 명과 어린이 한 명이 다쳤다.
   승객이 버린 것으로 보이는 작은 막대기로 인해서 사고가 발생하였다.

복습 5 (19-22과)

어휘와 문법 102

I 1. 구해 2. 분야 3. 삽시간에 4. 삼켜 5. 생기
6. 직장인 7. 연속 8. 원만하 9. 실수해 10. 받쳐
11. 투표 12. 뛰어난 13. 망쳤다 14. 그만하
15. 신경 쓰, 신경 써 16. 믿음직하
17. 매력적이다 18. 음주

II [모범 답안]

19. 자주 만나기는커녕 연락도 안 해요.
20. 일이 많아서 쉴 수조차 없어요.
21. 네, 사랑만 있으면 행복하게 살 수 있으리라 생각해요.
22. 제가 가스 불을 켠 채로 외출해서 화를 내셨어요.
23. 말도 마. 마이클이 얼마나 구두쇠인데.
24. 네, 지연 씨는 이야기를 듣기가 무섭게 다른 사람한테 말해요.
25. 지갑을 잃어버리는 바람에 기분이 나빠졌어요.
26. 방학이니까 학생들이 별로 없는 것은 당연하지요.
27. 교통사고로 인해서 입원했대요.
28. 울어 봤자 소용없을 거야.
29. 네, 가수 못지않게 노래를 잘해요.

듣 기 105

1. ① 2. ④ 3. ② 4. ④ 5. ③ 6. 1 7. 1-3-2-6
8. ④ 9. ③ 10. 믿음직, 당연하다

읽 기 107

1. ① 지영이의 동생 ② 인기투표 때문에 ③ 갑자기 멋을 내고 친구들에게 전화도 많이 한다.
2. 지영이의 동생
3. ④ 4. ④
5. ① 시 전체가 평평한 지리적 특성 때문에
   ② 옛날부터 쌀이 많이 생산되어 부자가 많아서 값비싼 자전거를 가진 사람이 많았으므로

6. 2인승 자전거, 세발자전거, 두발 자전거
7. ① 시청에 '자전거 문화계'라는 부서가 있다.
   ② 초 · 중 · 고생을 대상으로 한 자전거 운전면허 시험이 있다.
   ③ 국내 유일의 자전거 박물관이 있다.
   ④ 자전거 축제가 있다.
   ⑤ 공기가 맑고 물이 깨끗하다.

23과 인터넷은 정말 편리하구나

대화 연습 [모범 답안] 112

A/V-(으)ㄹ지 A/V-(으)ㄹ지
1. 이번 주에 올지 다음 주에 올지
2. 저금을 할지 옷을 살지
3. 알려야 할지 말아야 할지
4. 모자랄지 충분할지

N을/를 V-는 데 이용하다
N을/를 N에 이용하다[N에 N을/를 이용하다]
1. 운동화 빠는 데 이용하면
2. 유리창 닦는 데 이용해
3. 마사지에 이용하면
4. 술을 이용하면

한 N(이)라도 V-(으)면 (안 되다)
1. 한 개라도 먹으면 안 돼요.
2. 한 잔이라도 마시면 안 돼요.
3. 한 주라도 안 하면
4. 하루라도 늦게 내면

N을/를 통해(서)
1. 신입 사원 합격자 발표는 본사 홈페이지를 통해서 확인할 수 있습니다.
   ARS 전화로도 확인이 가능하며 합격자에게는 이메일을 통해서 알려 줍니다.
2. 자원 봉사를 통해서 다른 사람을 도울 수 있는 방법이 많다는 것을 알게 되었습니다.
3. 사람들이 이 영화를 통해 남과 북으로 나뉘어 있는 한국의 현실을 잘 이해할 수 있을 것입니다.

24과 아리랑 아리랑 아라리요

대화 연습 [모범 답안] 115

N(이/에서)든지 N(이/에서)든지
1. 김치찌개든지 김밥이든지
2. 흰색 셔츠든지 연한 회색 셔츠든지
3. 종로에서든지 광화문에서든지
4. 시장에서든지 백화점에서든지

A/V-든지 A/V-든지
1. 비가 오든지 안 오든지
2. 고쳐서 쓰든지 버리든지
3. 택시를 타든지 지하철을 타든지
4. 영화를 보든지 맛있는 요리를 먹든지

N(으)로(서)
1. 사물놀이는 한국의 전통 놀이로서 네 가지 악기로 연주하는 것입니다.
2. 경복궁은 조선 시대에 세워진 궁궐로서 5대 궁궐 가운데 가장 넓고 아름다운 건물이 많은 곳입니다.
3. 송편은 한국의 전통 음식인 떡의 한 종류로서 추석 때 만들어 먹습니다.
4. 한국 호랑이는 시베리아 호랑이로서 털색이 어둡고 부드럽습니다.

N에 이르다, V-기에 이르다
1. 세계 대부분의 나라의 경우 종교적 기념일이 80%에 이르고 있다.
   한국의 공휴일은 15일에 이르고 있다.
2. 직장인 1,170명을 대상으로 조사한 결과 매월 94.4%가 저축을 하고 있고 월평균 저축액이 84만 원에 이르고 있다.
   직장 생활을 오래 할수록 가정생활을 유지하는 데 따르는 경제적 부담이 증가하기에 이르러 저축액이 감소한다.

25과 흥부와 놀부

대화 연습 [모범 답안] 119

N-질

1. 다리미질
2. 젓가락질
3. 부채질
4. 도둑질

두고 보다

1. 두고 봐
2. "두고 보자."
3. 두고 보자.
4. 두고 봅시다.

정신(을) (못) 차리다, 정신(이) 없다

1. 정신을 못 차려요.
2. 정신을 못 차릴 정도예요.
3. 정신이 없었어요.
4. 정신을 차릴 수가 없어요.

그러던 어느 날

1. 나무로 인형을 만드는 일을 하시는 할아버지가 계셨어요. 그러던 어느 날 할아버지는 피노키오라는 인형을 만들게 되었어요.
2. 항상 낚시를 하던 아저씨가 있었어요. 그러던 어느 날 이 아저씨는 큰 물고기를 잡았어요.
3. 진호는 매일 수영 연습을 열심히 했어요. 그러던 어느 날 수영 대회에서 일등을 했어요.
4. 영호와 미영이는 친한 친구였어요. 그러던 어느 날 두 아이는 싸웠어요.

26과 희생을 무릅쓰고 지도를 완성했어요

대화 연습 [모범 답안] 121

N을/를 무릅쓰고

1. 고통을 무릅쓰고
2. 위험을 무릅쓰고
3. 온갖 어려움을 무릅쓰고
4. 창피를 무릅쓰고

(N에/에게) N을/를 바치다

V-는 데(에) 일생을 바치다

1. 내 목숨을 바칠 수 있어.
2. 자기의 모든 것을 다 바쳐
3. 일생을 바치신
4. 일생을 바치고

N이/가 오죽하겠어(요)?

1. 가고 싶은 마음이 오죽하겠어요?
2. 생활이 오죽하겠어?
3. 마음이 오죽하시겠어요?
4. 건강이 오죽하겠어요?

V-게 된 동기

1. 난민을 돕게 된 동기가 있습니까?
2. 이 책을 쓰시게 된 동기는 무엇입니까?
3. 제가 이 영화를 만들게 된 동기는 젊은 사람들에게 평화의 소중함을 알리고 싶었기 때문입니다.
4. 담배를 끊게 된 동기는 친한 친구가 폐암에 걸렸기 때문입니다.

복습 6 (23-26과)

어휘와 문법 124

I 1. 검색 2. 내역 3. 의존하 4. 가상 5. 민중
6. 가리키 7. 널리 8. 가사 9. 흔히 10. 씨
11. 내밀 12. 내쫓았다 13. 바르 14. 갚
15. 온갖 16. 정밀한 17. 걸쳐 18. 오죽하겠어요

II [모범 답안]

19. 가을에 돌아갈지 겨울에 돌아갈지 생각 중이에요.
20. 인터넷을 통해서 알게 됐어요.
21. 카드가 한 장이라도 없으면 못 해요.
22. 서울의 인구는 천만 명에 이르러요.
23. 싸든지 비싸든지 사야 해요.
24. 부모님의 반대를 무릅쓰고 결혼하고 싶지는 않아요.
25. 찾기 쉬운 게 다 뭐예요? 주위 사람들에게 물어봐도 잘 모르던데.

26. 좀 더 조심해서 운전하겠다는 결심을 했어요.
27. 그러니 그 마음이 오죽하시겠어요?

듣 기 127

1. ① 2. ④ 3. ③ 4. ④ 5. ③ 6. 4:30, 11:00
7. 7:00, 8:00 8. ③ 9. ② 10. 무릎, 적성

읽 기 129

1. ③ 2. 궁금증 3. ④
4. 아버지, 컴퓨터 바이러스는 감기 바이러스와 달라요.
5. 건강한 사람이 갑자기 원인도 알 수 없이 죽게 되는 것으로 주로 20-40대의 젊은 층에서 많이 나타난다.
6. 금연, 유산소 운동, 건강식을 한다.
7. ④
8. 건강한 사람이 원인도 모르게 갑자기 죽게 되는 것을 죽음증후군이라고 한다. 죽음증후군을 예방하기 위해서는 금연을 하고, 운동, 음식 등에도 신경을 써야 한다. 그리고 스트레스를 받지 않기 위해 낙관적으로 생각해야 한다.

27과 말이야말로 그 사람의 인격을 말해 줍니다

대화 연습 [모범 답안] 132

N(이)야말로
1. 제 고향이야말로
2. 전주비빔밥이야말로
3. 컴퓨터야말로
4. 사랑이야말로

N-스럽다
1. 사치스럽지 않을까?
2. 자랑스러워하셨어요.
3. 걱정스러워요.
4. 자연스럽게

V-아/어 버릇하다
1. 타 버릇했더니
2. 녹차를 마셔 버릇하니까
3. 걸어와 버릇하니까
4. 매일 운동해 버릇해서

N을/를 비롯하다
1. ✎ 아시아에서는 한국을 비롯해서 6개국이 '세계 음식 축제'에 참가한다.
✎ 이번 '세계 음식 축제'에서는 아시아 음식을 비롯해서 유럽과 아메리카 음식을 먹어 볼 수 있다.
2. ✎ '한국 전통문화 축제'에서는 음악 공연을 비롯하여 춤 공연도 볼 수 있다.
✎ '한국 전통문화 축제'에서 하는 춤 공연으로는 부채춤을 비롯하여 탈춤과 장구춤이 있다.

28과 찬성하는 쪽이에요? 반대하는 쪽이에요?

대화 연습 [모범 답안] 135

S-다고 야단(들)이다
A/V-아/어서 야단이다[야단났다]
1. 받겠다고 야단들이에요.
2. 사 달라고 야단이에요.
3. 안 좋아서 야단이야.
4. 돈이 모자라서 야단났어.

A/V-다느니 A/V-다느니 (하면서)
1. 선본 남자가 키가 작다느니 말이 많다느니 하면서
2. 편의 시설을 더 늘려야 한다느니 휴가 제도를 바꿔야 한다느니 하는
3. 시험 문제가 어려웠다느니 시간이 부족했다느니 하는
4. 색깔이 예쁘다느니 잘 어울린다느니 하면서

N에(도) 일리가 있다
1. 말에도 일리가 있어요.
2. 그 말에도 일리가 있네요
3. 그 생각에도 일리가 있지만
4. 의견에도 일리가 있다

N을/를[이/가] N(으)로 취급하다[취급받다]
1. 이 옷을 싸구려로 취급하
2. 저를 어린아이로 취급하
3. 저질 작품으로 취급했대요.
4. 네 여자 친구로 취급받

29과 인연이 있으면 언젠가 또 만나게 되겠지

대화 연습 [모범 답안] 137

A/V-아/어서는 안 되다

1. 들어가서는 안 되는데.
2. 장애인 전용 주차장에 차를 세워서는 안 되는데.
3. 강아지를 데리고 지하철을 타서는 안 되지.
4. 전화를 해서는 안 되는데.

A/V-았/었더라면

1. 숙제가 많지 않았더라면
2. 준비를 많이 했더라면
3. 우리가 더 일찍 만났더라면
4. 나도 봤더라면

A/V-(으)ㄹ 줄 누가[어떻게] 알았겠어요?

A/V-(으)ㄹ 줄이야

1. 막힐 줄 누가 알았겠어요?
2. 다 팔려 버릴 줄 어떻게 알았겠어요?
3. 할 줄이야.
4. 잘하실 줄 누가 알았겠어요?

V-(으)ㄹ래야 V-(으)ㄹ 수(가) 없다

1. 끊을래야 끊을 수가 없어요.
2. 집에 갈래야 갈 수가 없어요.
3. 잊어버릴래야 잊어버릴 수가 없어요.
4. 잠을 잘래야 잘 수가 없었어요.

30과 서울은 한국 제일의 도시이다

대화 연습 [모범 답안] 139

N(으)로 보나 N(으)로 보나

1. 자연환경으로 보나 맛있는 음식으로 보나
2. 값으로 보나 양으로 보나
3. 날씨로 보나 경치로 보나
4. 근무 조건으로 보나 회사의 장래성으로 보나

N임에 틀림없다, A/V-(으)ㄴ/는 게 틀림없다

1. 아주 재미있는 책임에 틀림없어요.
2. 친한 친구임에 틀림없어요.
3. 시험 문제가 쉬운 게 틀림없어요.
4. 영화가 재미없는 게 틀림없어요.

V-(으)ㅁ에 따라

1. 정부가 담뱃값을 인상함에 따라 금연율이 증가하고 있습니다.
   건강에 대한 관심이 높아짐에 따라 운동을 시작하는 사람들이 늘어나고 있습니다.
2. 음주 운전 단속을 강화함에 따라 교통사고 발생이 감소했습니다.
   연말에 음주 운전 사고가 많이 일어남에 따라 경찰은 음주 단속을 더 강화하기로 했습니다.

A/V-(으)ㄹ 전망이다[전망이 있다, 전망이 보이다]

1. 출산율 감소로 인해 인구가 줄어들 전망입니다.
   2050년경에는 65세 이상의 고령 인구가 전체 인구의 37%에 달할 전망입니다.
2. 암 치료에 건강 보험이 적용되어 환자들의 부담이 줄어들 전망입니다.
   암 검사를 무료로 받을 수 있게 되어서 국민 건강에 큰 도움이 될 전망입니다.

복습 7 (27-30과)

어휘와 문법 142

I 1. 따라서 2. 야단났어 3. 뗄, 뗄 4. 취급하
5. 헤매 6. 비롯해 7. 양보해 8. 저속한
9. 사치스럽 10. 일리가 있 11. 입장 12. 범죄
13. 주위 14. 사소한 15. 뜻밖에 16. 싸구려
17. 무작정 18. 토론해

II [모범 답안]

19. 우리나라를 비롯해서 200개국이 참가합니다.
20. 택시를 타 버릇하면 생활비가 많이 들 텐데 괜찮아요?
21. 새 교육 제도가 좋다느니 나쁘다느니 하면서 토론을 하고 있어요.
22. 형이 나를 바보로 취급하잖아요.
23. 어머, 그래요? 나도 갔더라면 좋았을 텐데.
24. 세탁기에 빨면 그 옷이 줄 줄 누가 알았겠어요?

25. 너무 빨라서 따라 부를래야 따라 부를 수가 없어요.
26. 하숙비로 보나 교통으로 보나 아주 좋아서요.
27. 인구가 늘어남에 따라 교통도 복잡해졌기 때문입니다.
28. 치료 약을 개발하고 있으니까 치료될 전망이 있다고 생각합니다.

듣 기 145

1. ③ 2. ② 3. ① 4. ③ 5. ④ 6. ④ 7. ① 8. ②
9. ③ 10. 반대, 찬성

읽 기 147

1. ② 2. ③ 3. ② 4. 인터넷과 N세대
5. 쇼핑, 공부, 취미 생활 등 생활 전반에 가상공간을 이용하는 특정 나이의 계층
6. 인터넷에 나쁜 소문이 퍼지면서 매출이 큰 폭으로 감소했기 때문이다.
7. 상품 소개, 연예인 사인, 할인 쿠폰 제공 등 인터넷을 통한 홍보를 하고 있다.

31과 다이어트가 유행처럼 퍼지고 있어요

대화 연습 [모범 답안] 152

A/V-다기보다는
1. 마음에 안 든다기보다는
2. 필요 없다기보다는
3. 안 끊는다기보다는
4. 비싸다기보다는

A/V-기까지 하다
1. 병원에 입원하기까지 했어요.
2. 자꾸 꺼지기까지 해요.
3. 불을 안 켜기까지 한대요.
4. 지갑을 잃어버리기까지 했어요.

V-느니 차라리, 차라리
1. 그렇게 싸우느니 차라리
2. 그 영화를 보느니 차라리
3. 밥을 먹느니 차라리
4. 거짓말을 하느니 차라리

A/V-(으)ㄴ/는 반면에
1. 성실한 반면에
2. 살은 빠지는 반면에
3. 성능은 좋은 반면에
4. 크고 깨끗한 반면에

N을/를 막론하고
1. 남녀노소를 막론하고 이 노래를 모르는 사람이 없습니다.
2. 날씨 여하를 막론하고 우리는 여행을 갈 것입니다.
3. 지위 고하를 막론하고 회사 사람들은 회사 식당에서 식사를 합니다.
4. 동서양을 막론하고 축구는 인기가 있습니다.

32과 애완동물이 자식보다 낫다

대화 연습 [모범 답안] 156

A/V-다 A/V-다 하면서(도)
1. 한다 한다 하면서
2. 끊는다 끊는다 하면서
3. 간다 간다 하면서도
4. 그만두고 싶다 그만두고 싶다 하면서도

고작(해야), V-는 게 고작이다, N이/가 고작이다
1. 고작해야
2. 두 번 하는 게 고작이에요.
3. 100만 원이 고작이었어요.
4. 자장면이 고작이었어요.

어찌나 A/V-(으)ㄴ/는지
1. 어찌나 사람이 많은지
2. 어찌나 즐거웠는지
3. 어찌나 요리를 잘하는지
4. 어찌나 말을 재미있게 하는지

34과 세대 차가 실감 나는구나

대화 연습 [모범 답안] 158

A-(으)ㄴ 감이 있다

1. 늦은 감이 있지만
2. 비싼 감은 있지만
3. 이른 감은 있지만
4. 짧은 감은 있지만

N(이)야

1. 꽃병이야
2. 등록금이야
3. 단어 뜻이야
4. 술이야

N만 해도

1. 제 여동생만 해도
2. 작년만 해도
3. 우리 오빠만 해도
4. 우리 동네만 해도

A/V-더라고(요)

1. 살이 빠지더라고요.
2. 전화를 안 받으시더라고요.
3. 보람이 있더라고요.
4. 한국의 전통적인 물건들이 참 많더라고.

35과 유럽에 배낭여행 갔다 왔다면서?

대화 연습 [모범 답안] 160

여간 A-(으)ㄴ N이/가 아니다, 여간 A/V-지 않다

1. 여간 맵지 않더라고요.
2. 여간 친절한 분이 아니세요.
3. 여간 잘하지 않아요.
4. 여간 힘들지 않더라고요.

A/V-기는(요), N은/는(요)

1. 쉽기는요
2. 늦게 오기는
3. 열 병은요
4. 장학금은

N에 지장이 있다[없다, 많다]

V-는 데(에) 지장이 있다[없다, 많다]

1. 공부에 지장이 있을 정도는 아니에요.
2. 의사소통에는 지장이 없지만
3. 출근 준비를 하는 데에 지장이 있을 텐데.
4. 친구들과 연락하는 데 지장이 많겠군요.

N에 능통하다

1. 3개 국어에 능통해요.
2. 국제법에 능통한
3. 컴퓨터에 능통하니까
4. 재테크에 능통한

복습 8 (31-35과)

어휘와 문법 162

I 1. 효과 2. 이르 3. 마른 4. 차라리 5. 고작
6. 노후 7. 경로사상 8. 향상 9. 증가하고
10. 세대 차 11. 실감이 나, 실감 난 12. 보수적
13. 평소 14. 능통하 15. 유산 16. 구체적
17. 문의할 18. 불경기

II [모범 답안]

19. 날씨 여하를 막론하고 가야지요.
20. 맛이 없다기보다는 배가 불러서 그래요.
21. 꽃을 사느니 차라리 옷을 사는 게 나을 것 같은데요.
22. 편하고 좋은 반면에 생활비가 많이 드네요.
23. 쓴다 쓴다 하면서 아직도 못 썼어요.
24. 아니, 한 달에 한 권 읽는 게 고작이야.
25. 어찌나 어려운지 반도 못 썼어요.
26. 이른 감이 있지만 미리 사 두려고.
27. 그래요. 이 앞에 있는 백화점만 해도 손님이 반으로 줄었대요.
28. 네, 가 봤는데 시설이 좋더라고요.
29. 생활하는 데는 지장이 없어요.

듣 기 165

1. ④ 2. ② 3. ③ 4. ③ 5. ④ 6. ② 7. ①

8. ① ④ ③ ②

9. 강아지의 종류, 생년월일, 보호자의 주소

10. 강아지를 키우다가 버리는 사람들이 많기 때문이다.

읽 기 167

1. 증가 2. ③ 3. ④

4. '강원도 방문의 해'를 맞아 강원도를 알리기 위해서 이다.

5. ① 강원도에 대한 정보를 알 수 있다.
   ② 지하철을 타고 있는 동안에 지루하지 않다.

6. 자기의 취향에는 아낌없이 돈을 쓰지만 관심이 덜한 곳에는 될 수 있으면 돈을 쓰지 않는 것이다.

7. ③

8. ① 경제 사정이 좋지 않다.
   ② 제품의 품질이 전체적으로 향상되었다.
   ③ 소비자들이 명품을 사고 싶어한다.

9. **[모범 답안]**
   제 고향 집 냉장고 한 칸은 항상 치즈로 가득합니다. 우리 가족은 치즈를 중요하게 여기고 식사하면서 치즈에 대한 이야기도 많이 하곤 합니다. 그런 습관이 남아 있어서 저는 한국에 와서도 아무리 비싼 치즈라도 먹고 싶으면 사 먹습니다. 또 그날 먹으려고 하는 치즈에 따라 먹는 빵의 종류가 달라지기도 합니다. 제 이런 모습을 보고 친구들이 치즈에 왜 그렇게 돈을 많이 쓰느냐면서 이상하게 보지만 그래도 치즈는 제 식생활의 즐거움입니다.